Christian August Vulpius

Liebe und Freundschaft

Ein Schauspiel in 5 Aufzügen

Christian August Vulpius

Liebe und Freundschaft
Ein Schauspiel in 5 Aufzügen

ISBN/EAN: 9783743608979

Hergestellt in Europa, USA, Kanada, Australien, Japan

Cover: Foto ©ninafisch / pixelio.de

Weitere Bücher finden Sie auf **www.hansebooks.com**

Liebe
und
Freundschaft.

Ein
Schauspiel in fünf Aufzügen
von
C. A. Vulpius.

Friendship's the Wine of Life
YOUNG.

Leipzig, 1787,
bei Carl Friedrich Schneidern.

Personen:

Tankred, Herzog in Apulien.
Renata, seine zweite Gemalin.
Eleonore, Prinzeſſin erſter Ehe.
Wilhelm von Toſa, des Herzogs un-
    ächter Sohn.
Ferdinand, Ritter, am Hofe des Her-
    zogs erzogen.
Robert, Graf von Trajonara.
Iſabella, ſeine Schweſter.
Bonus, Kardinal, der Herzogin Bruder.
Edelwert von Elbingen, ein teutſcher
    Ritter, Ferdinands Waffen-
    geſell.
Johanna, Hoffräulein ⎱ der Herzogin.
Emanuel, Page   ⎰
Einſiedler.
Lucio, Ferdinands Knappe.
Herold.
Wache. Trompeter.

Erster Aufzug.
(Saal).
Erster Auftritt.
Johanna, Emanuel (von der andern Seite).

Emanuel.

Kommt Ihr schon so früh von der Herzogin?

Joh. Wie du siehst!

Em. Was will sie heute so bald?

Joh. Der heutige Tag.

Em. Der heutige Tag?

Joh. Nun ja doch! — heute ist ja der Verlobungstag der Prinzessin mit Graf Robert.

Em. Also doch noch?

Joh. Doch noch? — War denn je etwas gewisser?

Em. Je nu — ich glaubte Ferdinand wär ein Liebhaber.

Joh. Was willst du damit sagen?

Em. Damit will ich sagen: wenn ich Ferdinand wär, und mich die Prinzessin so liebte, wie ihn — daß dieser Verlobungstag nie erschienen wär.

Joh. Rede doch nicht! Was will denn Ferdinand thun? Wer ist er denn, daß er sich unterstehen könnte die Hand der Prinzessin zu begehren? — Zwar ist er mit ihr auferzogen worden — aber das giebt ihm kein Recht. Er ist ein Fündling — Gott weis wer seine Eltern sind. Vielleicht verdient er nicht einmal die ritterliche Erziehung, welche ihm der Herzog geben lies. Und sein Stand berechtigt ihn nicht solche Forderungen zu thun.

Em. Stand? — Sagt mir doch aufrichtig, würde man wohl so schnell mit der Verlobung zu Werke gehen, wenn die Stiefmutter der Prinzessin nicht dahinter stäk? — Ich bin nicht blind! Wahrlich sie liebt ihres Mannes Sohn, den Bastart, mehr als ihren Mann! Der Herzog hat keine männlichen Erben, was gilts, so bald die Prinzessin versorgt ist, erklärt ihn der Herzog zu seinen Nachfolger.

Joh.

Joh. Was kann dir das verschlagen?
Em. Mir? — Sehr viel!
Joh. Ich wüste nicht —
Em. Das glaube ich selbst, daß Ihr's nicht wißt. — Aber Ich weis es.
Joh. Du bist doch nicht gar eifersüchtig?
Em. (mit verbißener Wut) Gott bewahre!
Joh. So kann dir's auch nichts verschlagen.
Em. Ich kann den Bastart nicht leiden!
Joh. Und bist doch seines gleichen.
Em. Was?
Joh. Deine Mutter war des Herzogs Bruder sechs Monate vor deiner Geburt gar sehr ergeben.
Em. Johanna!
Joh. Im siebenten Monat heuratete sie einen Mann, der so gut war dir seinen Namen zu geben, den du noch führst. Deine Mutter starb und dein Vater suchte seine Sünde im Kloster dem Himmel abzubitten. Denn eigentlich wars eine grose Sünde, dir einen so schönen ehrlichen Namen zu geben.
Em. (knirschend) Johanna!

Joh. Emanuel von Eldafagni! hahaha. — ein artiger Name!

Em. (außer sich) Bastart?

Joh. Deine Wut wird gefährlich!

(geht ab).

Zweiter Auftritt.
Emanuel.

Bastart? — Ja, ich fühle so etwas, das hätte ich längst denken können! so viel Mark in den Knochen, so viele Entwürfe im Kopfe! so viel Mut! so viel Neid! — Ja wahrlich! Ich muß ein Bastart seyn! denn bei meiner Seele! ein träger Schwindler im erlaubten Vergnügen, im keuschen Ehebette, nach der Väter Weise, gezeugt, hat nicht diesen Mut und diese Kraft. — Nur was nicht alltäglich ist, verdient Bewunderung. — So ist Ferdinand wohl auch ein Bastart? Nein! er ist keiner, sonst minnte er nicht so züchtiglich um die hölzerne Eleonore. — Aber Ich — und Wilhelm — und noch Tausende! — Ich habe große Ahnherrn, unter denen beinahe alle Götter, nebst Herkules und dem Graf Roland, obenan stehen. Ei-

gentlich

gentlich sind wir auch eine besondre Sekte. — Ich dächte, ich machte mit Wilhelm Friede, denn es frißt in kein Wolf den andern, also darf auch kein Hurensohn dem andern Steine in den Weg werfen. — Bastart! Bastart!

Dritter Auftritt.
Emanuel. Wilhelm.

Wilh. Rufe nicht deinen Namen wo ein Echo ist, Emanuel.

Em. Ich versteh Euch. — Aber eben jezt hab' ichs bei meiner Seele zum erstenmale gehört! daß ich Euer Echo bin.

Wilh. Kannst du alles wiederholen?

Em. Alles!

Wilh. Vielfach?

Em. So vielfach Ihr wollt.

Wilh. Ein gewißes Wort ist nur ein zweisilbigtes Wort. Aber ich bitte dich wiederhol dies Wort nicht zu oft.

Em. Gedenkt meiner.

Wilh. Wo?

Em. Bei Euch selbst und bei Euern Freundinnen.

Wilh.

Wilh. Wie alt bist du?

Em. Achtzehn und ein halb Jahr; Einige Tage drüber.

Wilh. Ich will sehen ob du mein getreues Echo seyn wirst — und in vierzehn Tagen ist Ritterschlag.

(Geht nach der Herzogin Zimmer, ab.)

Vierter Auftritt.
Emanuel.

Ritterschlag? — gut! — Nun ist ja Friede! — Auf einmal! Was der Zufall nicht thut in der Welt! Um empor zu kommen, braucht man oft nur ein Memorial von zwei Silben. (Sieht sich um.) Ich will das Wort nicht wiederholen, ob mirs gleich so viel geholfen hat daß ich ganz fröhlich sage: Sieh wakrer Graf Roland, wie deine Kinder so einig sind. Ich will, das schwöre ich dir, so viel an mir liegt, sehr eifrig an der Vermehrung des glänzenden Häufleins arbeiten.

Fünf-

Fünfter Auftritt.
Emanuel. Johanna.

Joh. Dein Feind ist schon im Lager.

Em. Nichts von Feind — wir sind Freunde. 's ist eine nagelneue Freundschaft, sie glänzt so schön als ein neues Wappenschild, das ein geadelter Bürger zum erstenmal vor sein Fenster hängt. Wir brauchen zu unsern Schildhaltern keine Bären, ein zweisilbigtes Wort versieht die Stelle. Eben dies Wort versiegelt die Urkunde so gut als eine bleierne Bulle.

Joh. Glük zu!

Em. Ich danke Euch für die Entdekkung — In vierzehn Tagen ist Ritterschlag, versteht Ihr mich? — Ich war Euch immer sehr gewogen, und bei meiner Seele! ich habe geschworen unsre Sekte zu vermehren.

Joh. So such die Tochter deiner Mutter zur Stammmutter, auf.

Em. Nicht doch! der Weg wär zu nah.

Joh. Und auf einem weiten Wege wirst du dir die Füsse wund laufen.

Em. Dafür trage ich in vierzehn Tagen eiserne Sohlen.

Joh. Es**er mü**e das aussehen, als wenn sie dich tragen sollen.

Em. Nu, nu! — 's stekt mancher in der Löwenhaut —

Joh. Der lange Ohren hat!

Em. Ihr werdet ordentlich witzig. Ich glaube das bewürken eure öftern Zusammenkünfte mit unsern Hofpoeten.

Joh. Mein junger Herr, die Dichter konversiren nur mit dreimal drei jugendlichen Schwestern, und gebähren selbst.

Em. Die Kinder schlagen aber oft aus der Art.

Joh. 's sind Bastarte!

Em. Still Johanne, das Wort könnte Euch einmal in der Gurgel stecken bleiben, habts ja nicht immer auf der Zunge!

Joh. Ich danke dir für deinen Rath. Ein andermal mehr von der Sache. Jezt muß ich zur Prinzeffin.

Em. Und ich will in den Garten gehn, meine Freude in einem Sonette auslaßen. Wenn die Herzogin meiner bedarf, so wißt Ihr wo ich bin.

(gehen ab)

Sech=

Sechster Auftritt.
(Garten)
Isabella.

Sonst ist er immer so früh im Garten — und jezt läst er sich nicht sehen, weil ich da bin: — Liebe! Liebe! Wo wirst du mich noch hintreiben? — Wie viel hab ich schon gethan, unbemerkt, vergebens gethan! Noch diesen Schritt — und dann werde ich mich des Anerbietens des Herzogs bedienen. — Isabella, Gräfin von Tragonara — wo sind die vorigen Zeiten hin? Wohin hat dein Eigensinn das Heer deiner Anbeter zerstreuet? Du hast Prinzen und Grafen einem Ritter aufgeopfert, deßen Abkunft unbekannt, vielleicht eben so gering als sein Erbtheil ist! — Was hast du gethan! — Und dieser Ritter — verschmäht deine Hand? Du liebst ihn und er liebt vielleicht — eine andere — Eine andere? Wehe dem Mädchen, das du liebst, Ferdinand. Wenn ich dich liebe, so muß ich meine Nebenbulerin haßen. Sie allein will ich verfolgen! Warum liebst du nicht mich? Bin ich nicht schön? nicht reich genug dich glüklich zu machen? Kannst du Ahnen

nen zählen, wie ich? — Und du wählst noch? Ferdinand! wenn Eifersucht meiner Liebe einen Dolch reicht — so ists um dich und deine liebekranke Schöne geschehen! — Kannst du ein Weib finden, die dich zärtlicher liebt als dich Isabella liebt? die dich glüklicher zu machen wünscht, als ich? — Und wer ist das Weib? Ist ihr Geschlecht dem meinigen an Alter überlegen, ist sie schöner als ich, kann sie dir mehrere Schlösser, ein grösseres Vermögen zubringen als ich — so will ich weichen. Aber kannst du das nicht Mädchen — so must du mir weichen, so reiße ich ihn dir von der Seite und wenn er dich schon zum Altare führte!

Siebenter Auftritt.
Isabelle. Ferdinand.

Ferd. Guten Morgen, schöne Gräfin.
Is. Warum habt Ihr mich belauscht?
Ferd. Belauscht? — Ich habe Euch nicht belauscht. — habt Ihr mit Euch selbst gesprochen oder war — ?
Is. Mit mir selbst habe ich freilich gesprochen und vielleicht auch Ihr?

Ferd.

Ferd. In der That nicht! Ich hatte mich ganz meinen Gedanken überlaßen.

Is. Ihr seyd immer übel bei Laune.

Ferd. Leider!

Is. Ihr müßt sie verjagen! — Man sollte fast glauben Ihr wärt verliebt.

Ferd. Sollte man?

Is. Auch glaubts der ganze Hof.

Ferd. So!

Is. Und noch dazu — wißt Ihr welche Dame man Euch giebt?

Ferd. Nun?

Is. Mich selbst!

Ferd. In der That, der Hof traut mir keinen üblen Geschmak zu. — Aber weil wir doch da einmal von Euch sprechen, schöne Isabella, so sagt mir doch, darf man denn dem Gerüchte glauben, welches von Eurer Vermälung spricht?

Is. Vermälung?

Ferd. Man sagt, der Herzog habe gestern mit Euch sehr lange und ernsthaft darüber gesprochen.

Is. Das ist wahr.

Ferd. Also — und wer wird denn der Glükliche seyn, welcher die Krone der Schön-

heit

heit vielleicht aus Apulien in sein Vaterland führen wird, um dort die Schönheiten seines Landes triumphirend zu fragen: ob er eine schönre Königin wählen konnte?

Is. Glaubt nicht, lieber Ritter, daß mich Kronen blendeten. Ich könnte keinen König so lieben, wie ich den lieben werde, der mir sein Glük und sein Ansehen zu verdanken hat.

Ferd. Glüklich der, den Ihr liebt!

Is. Der Herzog sprach von einer wechselseitigen Verlobung am heutigen Tage. Mein Bruder mit der Prinzeßin Eleonore —

Ferd. Und Ihr mit des Herzogs Sohne?

Is. Mit dem Bastart?

Ferd. Eine wechselseitige Verlobung? — Der Herzog hat ja nur diesen Sohn noch, da sein ächter Sohn in der Jugend verloren gegangen ist. Er müßte denn —

Is. Ferdinand, liebt Ihr den Herzog?

Ferd. Wie meinen Vater.

Is. Er hat viel an Euch gethan und er wird noch mehr für Euch thun.

Ferd. Was kann ihm noch übrig seyn für mich zu thun?

Is.

If. Euch ein Weib geben, die an Stand und Vermögen Euch erhebt — deren Liebe Euch ganz glüklich macht.

Ferd. Hat er schon gewählt?

If. Wie er sagt.

Ferd. Wie kann er aber wißen ob ich mit dieser Wahl zufrieden seyn kann? — Ich habe iederzeit seine Befehle mit Vergnügen befolgt — diesem aber, würde mein Herz Nein sagen, — könnte ich nicht befolgen.

If. Er hat ia auch für mich gewählt.

Ferd. Und was sagt Euer Herz?

If. Es billigt diese Wahl. — Der Herzog, Ferdinand, hat gut gewählt — auch für Euch, sollte ich denken.

Ferd. Wisset Ihr wen er für mich gewählt hat?

If. Ein Mädchen, deren Stand und Reichthum —

Ferd. Nach Stand und Schäzzen fragt kein liebend Herz, Isabella. Gewiß auch nicht das Eurige, wenn ihr liebt!

If. Ich liebe! — Ich liebe einen Mann, der mir nichts verschreiben kann als Liebe. — Ferdinand — uns hat der Herzog für einander bestimmt.

Ferd. Euch? Mir? — Mir Isabellen?
Is. Hat er recht gewählt?
Ferd. Gräfin —
Is. Ferdinand!
Ferd. Verzeiht Gräfin — der Herzog hat nicht mein Herz um Rath gefragt!
(schnell ab).

Achter Auftritt.
Isabella.

Nicht dein Herz? — das sagtest Du mir? — Mir? — Er verschmäht mich — er liebt mich nicht! — Er liebt eine andere? das ist gewiß! Wer ist diese Glükliche? Wo ist sie, um derentwillen du mir das sagtest? Du sollst sie nicht besitzen, weil ich dich verlieren soll! — Verlieren? kann ich verlieren was ich nie besas? — Du sollst aber nicht besitzen was ich nicht besitzen kann! Mädchen! das war ein unglüklicher Einfall von dir, Ferdinanden zu lieben! Den zu lieben, den Isabella liebt! Ich werde seine Liebe entdeken — dich finden — und wehe dir, wenn du mit ganzer Seele an ihm hängst,

und

und nur ein Deich die Spalte zwischen eurer Vereinigung finden kann!

Neunter Auftritt.
Isabella. Wilhelm.

Wilh. Welch ein glütlicher Zufall, schönste Gräfin!

If. Was wollt Ihr?

Wilh. Gräfin —

If. Nun? — Was habt Ihr mir zu sagen?

Wilh. Nichts, was Ihr nicht in meinen Augen lesen könnt! — Nichts, als was Euch jeder Blik sagen muß: — daß ich Euch liebe!

If. Wenig genug!

Wilh. Wenig? —

If. Für Euch mag es viel gewagt seyn, für mich ist das wenig gesagt.

Wilh. Viel gewagt? — Wißt Ihr auch daß Ihr mit dem Nachfolger des Herzogs sprecht?

If. Das wuste ich nicht — aber das wuste ich, daß ich mit einem Bastart sprach.

(geht ab).

B Zehn=

Zehnter Auftritt.
Wilhelm.

Zu viel Stolz, Gräfin! Mir wahrlich zur unrechten Zeit gezeigt! Isabella! mir hast du das nicht umsonst gesagt! Das teuflische Wort, das mich gleich einem Wiederhall allenthalben umgiebt! Pagen und Gräsinnen werfen's mir gleich einem Fehdehandschuh vor — und wenn ich ihn aufhebe — wenn du Fehde haben willst, schwindelnde Dirne, so wiße daß dein Gegner, Beleidigungen zu rächen, unversöhnlich ist! — Schrekliches Wort, das meine Träume unterbricht, und mich beim Mahle roth macht! Verfluchtes Wort, das mich beim Haar zu Schurkenstreichen zieht und mir am Ende noch wird meinen Vater verfluchen und meiner Mutter das Gebetbuch aus der Hand reißen lernen! — Mädchen wer gab dir das Wort ein — wer schob dir's diesen Augenblik auf die Zunge? welcher unselige Geist öffnete dir den Mund? Wer hieß dir in diesem Augenblikke mir die Röthe ins Gesicht, und die Wut ins Gehirn treiben? Wer sagte dir daß du damit meine Anwerbung lächerlich machen könntest? Es hat mich wüthend

und

und schamroth gemacht. Es hat mir Fieber-
hitze ins Blut getrieben. Der Biß war
giftig! die Wunde zu heilen muß ich dich
auf derselben zerdrüsten, oder ich muß sterben!

(ab).

Eilfter Auftritt.
Emanuel.

Ich kann nicht reimen, ich mag's an-
fangen wie ich will. Immer schwebt mir
das zweisilbigte Wort um die Ohren und
macht mich untüchtig eine Stanze zu dichten.
Wer mir begegnet, scheint mir entgegen zu
rufen was ich bin — und jede Biene die
mir um den Kopf summt, heult mir das barba-
rische Wort ins Ohr. Dort rauscht mirs
der Waßerfall, hier lispeln mirs die Pap-
peln zu. Und ich glaube wenn ich mich aufs
Grab meiner Mutter sezte, ich glaubte, Gott
verzeihe mirs, von ihr selbst, das fatale
Wort zu hören.

Zwölfter Auftritt.
Emanuel. Isabella.

Is. (für sich) Ich muß doch sehen ob
der etwas weis! — (laut) Guten Morgen,
Emanuel!

Em.

Em. Euer Knecht! (für sich) War mir's doch, als verschlukte sie noch ein gewißes Wort!

If. Sag mir doch, wer war die Dame mit der Ferdinand spazieren gieng?

Em. In der That ich habe ihn nicht gesehen. --- Sprachen sie vertraut mit einander?

If. Es schien so.

Em. Thaten sie zärtlich?

If. Ich glaube?

Em. So ists gewiß die Dame seines Herzens gewesen.

If. Und wer ist diese?

Em. Wißt Ihr das noch nicht? --- Wißt Ihr nicht daß die Prinzeßin Ferdinanden mehr liebt als Euern Bruder?

If. Die Prinzeßin?

Em. Am Hofe ist das beinahe allgemein bekannt.

If. Und mir nicht?

Em. Das ist Eure Schuld. --- Schöne Gräfin seyd Ihr mir gut?

If. Wozu das?

Em. In vierzehn Tagen ist Ritterschlag; dürfte ich mich erkühnen im Turniere Eure Farbe zu führen?

If.

Jf. O! ich wollte du wärst jezt schon Ritter!

Em. Es kostet Euch ein Wort beim Herzoge. Oder sagts Euern Bruder.

Jf. Willst du mir dienen, Emanuel? — hast du Mut dich mit einem Gegner zu messen, den man im ganzen Lande für den tapferstern hält?

Em. Gern!

Jf. Schwöre mir, daß du thun wilst was ich von dir fordre.

Em. Ich schwöre es bei meiner zukünftigen ritterlichen Ehre!

Jf. Gut! — du sollst Ritter werden, und das noch heute. Aber wenn du es bist, so geh wappne dich — ich gebe dir meine Farbe; hier hast du diese roth und weiße Schleife — und dann fordre Ferdinanden zum Kampf.

Em. Ferdinanden?

Jf. Bedenkst du dich? — Gieb her die Schleife!

Em. Wie kann ich es wagen gegen Ferdinanden im Kampfe zu bestehen?

Jf. Gieb die Schleife her! (Entreist sie ihm) Dummkopf! Ich hätte dich belonen wollen, daß du — doch — geh!

Em. Gebt mir die Schleife wieder, ich will ---

If. Was willſt du?

Em. Ich will es wagen und mein Leben gegen Ferdinanden ſein's ſezzen!

Dreizehnter Auftritt.
Vorige. Wilhelm.

Wilh. Dein Leben gegen Ferdinands Leben? Es iſt verloren! und warum willſt du dein wichtigſtes Erbtheil aufs Spiel ſezzen? auf ein Spiel das ſo gewiß für dich verloren iſt?

If. Darnach habt Ihr nichts zu fragen.

Wilh. Emanuel --- ich habe dir etwas zu ſagen.

Em. Das ſchrekklichſte was Ihr mir ſagen könnt, iſt ein gewiſſes zweiſilbigtes Wort --- und das kann ich auch Euch ſagen.

Wilh. Schweig! dein Glük ſteht in meiner Hand. --- Sag, was haſt du gegen Ferdinanden? hat er dich beleidigt?

Em. Mich nicht --- aber ---

If. Mich! --

Wilh. Laßt Euch immer beleidigen, ſo wißt Ihr wie es andern thut, welche

Ihr

Ihr beleidigt. — Jezt Gräfin muß ich Euch sagen, daß ich Euch eben so sehr haße, als ich Euch ehmals liebte.

Jf. Wenn Ihr mich haßet so schlagt diesen wackern Pagen zum Ritter, den ich werde ihn antreiben Ferdinanden, zum Kampfe zu fordern, den zu erschlagen, den ich über alles liebe.

Wilh. Ferdinanden? Mein Nebenbuhler, Er?

Jf. Ich bitte Euch, redet nicht von Nebenbuhler. Es wär mir gar nicht lieb, wenn man nur mutmaßen könnte, daß Ihr mich liebtet. Ihr wißt doch daß Eure Mutter —

Wilh. Schweigt! Redet mir nicht davon!

Jf. Meine Ahnen sind alle vollbürtig und ich wollte um wieviel meinen Sohn nicht um einen gültigen Stammbaum verlegen machen.

Wilh. Ihr macht mich zu Euern größten Feinde.

Jf. Wir hätten Freunde bleiben können, wenn Ihr Euch nicht erkühnt hättet den Liebhaber zu spielen. Roth müste ich werden, so oft ich auf meine Ahnherren säh und Euch an meiner Seite als Gemal.

Wilh.

Wilh. Und wer ist Ferdinand? Ein gefundener Knabe, ein armseeliger Hecht der des Herzogs Gnadenbrod ißt, ein hintern Zaune gefundener Gast der sich hier sett gefreßen hat, vielleicht ein Bastart eines Knappens und einer Gräfin, --- die wohl gar die Ahnen Reihe eines berühmten Hauses ausfüllt! Vielleicht ein ---

Vierzehnter Auftritt.
Vorige. Ferdinand.

Ferd. (hat Wilhelms Rede gehört.) Genug! häufe nicht zu viele Mutmasungen. --- Zwischen uns ist ein grosser Unterschied --- Ich weis nicht wer ich bin aber du weist was du bist!

Wilh. Weist du auch wer ich seyn werde?

Ferd. Immer was du bist.

Wilh. Ferdinand! ich kann um diese Schultern den Purpur werfen und auf diese loken eine Krone sezzen.

Ferd. Ich kann nur mein Haupt mit dem Helme und meine Schultern mit Stahle bedecken. Aber ob ich gleich in dieser Hand kein Zepter trage, so kann ich doch damit ein gefürchtetes Schwerd führen. Deine Sporn sind von keinem beßern Metall

als

als die meinigen, und was du als Ritter gesagt haben willst, mußt du mir mit dem Schwerde beweisen. --- Doch ich kam nicht in der Absicht dir das zu sagen, sondern (zu Emanuel.) dir diesen Brief im Namen des Herzogs zur eiligsten Bestellung zu übergeben.

Em. (Nimmt den Brief) An der Herzogin Bruder?

Ferd. Wenn du lesen kannst. --- Nach der Tafel wünscht der Herzog mit Antwort dich wieder zu sehen.

Em. Der Herzog hätte mir sollen das Flügelpferd satteln laßen.

(geht ab.)

Ferd. Euch, schöne Gräfin, will der Herzog sprechen. Ich soll Euch begleiten. Und auf Euch (zu Wilhelm.) wartet ein Kampf, wenn Ihr die Beleidigungen als Ritter gesagt haben wollt. (Wirft den Handschuh auf die Erde.)

Wilh. (hebt ihn auf.) Ja! --- (Giebt ihm denselben zurük und geht eilig ab.)

Ferd. Isabella --- ich habe Euch beleidigt, verzeiht!

Is. Ihr habt mich beleidigt; aber da Ihr eine Rolle spielen solltet, wehrt Euer

Herz

Herz nicht war zu Rathe gezogen worden — so konntet Ihr nicht anders handeln. Ich will iezt den Herzog bitten, so lange er noch eine Tochter hat, keine Fremde für Euch zu wählen.

(geht ab).

Ferd. Was? — dem Herzoge? — Was will sie? — Wenn sie — ? — Welch ein Ungewitter droht unsrer Liebe! Ich muß sie zu meiner Freundin machen, ich muß Ihr alles entdekken, sonst bin ich verloren!

(geht ab).

Zweiter Aufzug.
(Zimmer.)

Erster Auftritt.

Jsabella. (gleich drauf) Ferdinand.

Ferdinand.

Gräfin — ich bitte Euch, ehe wir zum Herzog gehen — nur noch ein paar Worte. — Sagt mir, war des Herzogs Wahl die Eurige eher als die seinige?

Jf.

If. Ja Ferdinand, sie war es.

Ferd. Womit konntet Ihr aber Eure Wahl entschuldigen?

If. Brauchts einer Entschuldigung, dem Rathe seines Herzens zu folgen?

Ferd. Ich bin nicht Eures Standes, und in Absicht auf meine Geburt habt Ihr vor wenig Augenbliken keine tröstlichen Mutmasungen gehört. — Wenn Ihr Euch dem Gelächter des Hofes, dem Hohne Eurer Familie aussezet? Wenn ich das voraussah — konntet Ihr mich verdenken, wenn ich mich selbst Eurer unwürdig fühlte, und Euch sagte, daß ich —

If. Nichts Ferdinand! — Keine Seele wird es wagen, mich zu verdenken. Man wird Euch sehen und vergeßen, daß ich einem unbekannten Ritter meine Hand gab. Die Natur hat Euch einen königlichen Stempel ins Gesicht gedrukt — Ich wollte mich mit Euch allein in ein enges Zimmer vor den Augen der ganzen Welt verschließen laßen. — Du Ferdinand sollst meine Welt, mein Alles seyn!

Ferd. (Ergreift ihre Hand) Isabella!

If. (legt ihre Hand auf seine Schulter) Ferdinand!

Ferd.

Ferd. Ihr müßt glüklich seyn, wenn Ihr nicht höchst unglüklich seyn sollt.

Is. Ohne Dich kann ich nicht glüklich seyn!

Ferd. Isabella! (umarmt sie) Deine Freundschaft! —

Zweiter Auftritt.
Vorige. Tankred.

Tankr. Ferdinand!

Ferd. (Macht sich los) Gnädigster Herr.

Tankr. Nenne mich Vater! —

Ferd. Bester Vater —

Tankr. Wenn du mich Vater nennst, so kann ich diese Tochter nennen! Meine Kinder. — (nimmt ihre Hände) so oft ich euch sehen werde, werde ich mir die Jahre meiner Jugend zurükdenken — und mich freuen. — Jezt bin ich alt und heute will ich eine doppelte Verlobung anstellen. Ihr habt euch selbst zusammen gefunden, wie ich wünschte. Gräfin — ich gebe Euch einen Mann —

Ferd. Aber mein Vater —

Tankr. Was willst du?

Ferd. Bedenkt doch wie ungleich diese Verbindung —

Tankr. Freilich ist sie ungleich — aber die Gräfin hat sich schon darüber erklärt.

Jf. Wenn Euch blos die Ungleichheit Eures Standes, wenn nicht eine andre Liebe Euch abhalten sollte — so bitte ich Euch, verkennt mich nicht. Stand ist in den Augen der Liebenden ein Unding, ein Nichts, das nicht in Anschlag kömmt — und —

Tankr. Genug! — (Will ihre Hände zusammen geben).

Ferd. (fällt nieder) Theuerster Vater —

Tankr. Steh auf mein Sohn! Steh auf! — Zwingen will ich dich nicht; aber ich habe doch gesehen, daß Ihr Euch umarmtet.

Ferd. (steht auf) Schöne Gräfin, ich bin nicht im Stande Euch Eure Zärtlichkeit zu vergelten. — Dies Herz gehört einer andern.

(ab).

Tankr. Einer andern?

Jf. Wehe mir! — Es ist gewiß! Er hat es selbst gesagt! Er liebt eine andre!

(ab).

Tankr. Das ist sonderbar! — sonderbar! — Eine andre? und wer mag diese seyn?

Drit-

Dritter Auftritt.
Tankred. Robert.

Tankr. Willkommen, lieber Sohn!

Rob. Fragt Eure Tochter, ob sie nichts wider diesen Namen hat.

Tankr. Eleonore?

Rob. Ich komme so eben von ihr. — Sie hat mich mit einer Verachtung behandelt, welche meinen ganzen Stolz empört hat. Ich kann als Mann lieben, aber keine Liebe erbetteln. Ich merke wohl wie es an Euerm Hofe steht. Man hat Euch fälschlich berichtet, daß mich Eleonore liebte. — Sie selbst hat es mir gesagt, daß sie einen andern liebte.

Tankr. Sie sollte sich unterstehen? —

Rob. Erzwingen werdet ihr keine Liebe. Gehorsam könnt Ihr erzwingen, aber wie gesagt, keine Liebe.

Tankr. Ihr selbst habt sie nie geliebt, sonst sprächt Ihr nicht so kalt davon.

Rob. Bei Gott ich habe sie geliebt und liebe sie noch --- und wenn ich wüßte wer mein Nebenbuler wär, ich wollte Euch und ihm zeigen daß ich Eleonoren liebe — aber --- was kann ich thun? Den Saum ihres

Rosses kann ich nicht küssen, und in Thränen kann ich nicht zerfliesen. In Versen kann ich mein Unglük weder ihr noch der Welt bekannt machen, und aus Liebe den Tod der Helden zu sterben, — mag ich nicht versuchen.

Tankr. Graf, Ihr seyd nicht zärtlich genug als Bräutigam. Ihr müßt den Liebhaber vom Manne unterscheiden.

Rob. Was ich bin, werde ich immer seyn. Zweierlei kann ich nicht seyn. Wie ichs seyn kann, war ich zärtlich — beßer kann ich es nicht seyn. Meiner Braut wegen kann ich meine Stimme nicht ändern, so wenig ich iemals meinen Helmbusch ändern kann. — Und sie hat es mir deutlich gesagt, daß sie einen andern liebt.

Tankr. Und wer ist dieser?

Rob. Das hat sie mir nicht gesagt.

Vierter Auftritt.
Vorige. Wilhelm.

Wilh. Bester Vater, Eure Erlaubniß zu einem Kampfe!

Tankr. Zu einem Kampfe? Wer ist dein Gegner?

Wilh. Ferdinand.

Tankr.

Tankr. Ferdinand? — Ihr sollt Euch nicht schlagen!

Wilh. Er hat mich gefordert. Meine Ehre leidet darunter, wenn ich mich nicht stelle. Er forderte mich unterm Augen der Gräfin Isabella.

Rob. Meiner Schwester?

Wilh. Eurer Schwester. Ich hatte sie vielleicht, ich weis nicht worinne, gestöhrt —

Rob. Gestöhrt? — (hizzig) Worinne?

Wilh. Das weis ich ja nicht! Vermutlich in einer — Unterredung. Ich scherzte, wie man wohl in solchen Fällen zu thun pflegt. Eure Schwester wurde verlegen und da sie sich auf ihren Beschüzzer verlies, fieng sie an und warf mir, mit Eurer Erlaubniß, Vater, meine Geburt vor —

Tankr. Deine Geburt?

Wilh. Ja! — Ich sagte ihr daß ich davor nichts könnte und bat sie davon zu schweigen. Aber sie brachte mich durch ein Wort aus aller Faßung.

Tankr. Und Ferdinand?

Wilh. Wiederholte es. — Sie nennten mich, o! daß ich's sagen muß! — sie nennten mich — (hält die Hände vors Gesicht) Bastart.

Tankr.

Tankr. Dich Bastart?

Wilh. Da warf ich Ferdinanden vor, daß er den Vater für seine Wohlthaten übel belohne, wenn er seinen Sohn schimpfte. Zugleich führte ich ihm seine unbekannte Geburt zu Gemüthe, darüber wurde er aufgebracht und forderte mich zum Kampf.

Tankr. Das that Ferdinand?

Wilh. Bester Vater, er hat Euch mehr als mich beleidigt. Was kann ich dafür daß (wehmüthig) Ihr mich ohne priesterliche Erlaubniß zeugtet.

Tankr. Sohn! — Sohn! — du bist mein lieber Sohn! (wischt sich die Augen) (ab).

Fünfter Auftritt.
Robert. Wilhelm.

Wilh. Graf, es thut mir leid, aber ich muß es Euch sagen. Eure Hand drauf daß Ihr's nicht übel nehmt.

Rob. (Giebt ihm die Hand) Ich bin Euer Freund, wie ich Euch hoffentlich schon längst bewiesen habe.

Wilh. Das habt Ihr Graf, und eben deswegen will auch ich Euer Freund seyn. Eure Schwester liebt Ferdinanden.

Rob.

Rob. Das habe ich längst vermutet. Ich habe nichts dawider. Ferdinand ist ein braver Ritter.

Wilh. Bis iezt war er es, wie wir glaubten, aber die Intrike kömmt zur Entwickelung. Er liebt Eure Schwester auf eine ganz andre Art als die Prinzessin.

Rob. Als die Prinzessin? Auf eine andre Art? meine Schwester? — was wollt Ihr damit sagen?

Wilh. Macht Euch keine Rechnung auf Eleonorens Hand, guter Graf. Vielleicht könnt Ihr Erben Eures Nebenbulers und Schwagers zu gleicher Zeit sehen!
(ab).

Rob. Was? — Steh und erkläre dich deutlicher!
(ihm nach).

Sechster Auftritt.
(Zimmer der Herzogin).
Renata. Johanna.

Ren. Der Spaziergang hat mich ermüdet! — (sezt sich)

Joh. Es war in der That sehr heis!

Ren. Ja wohl! — Laß mich allein, ich will ruhen.
(Johanna geht ab).
Ren.

Ren. Ich weis nicht, ob ich ie einen wich-
tigern Tag erleben werde als den heutigen,
und ob mich ie ein Tag eher wecken wird als
dieser Tag, der mir so wichtig ist! — Wo
bleibt aber Wilhelm?

Siebenter Auftritt.
Renata. Wilhelm.

Wilh. Da ist er schon!

Ren. Vielmals willkommen!

Wilh. Ich traf den Graf beim Herzoge. Es gelang mir meisterlich Roberten Ferdinanden als Nebenbuler und zugleich als etwas mehr als blos girrenden Liebhaber seiner
Schwester vorzustellen. Ich kenne seinen
Starrsinn. Er wird Ferdinanden nöthigen,
seine Schwester auf der Stelle zu heurathen,
oder er bringe ihn um. Dann ist ein Schritt
gethan. — Nun wird der Graf Eleonoren,
wenn sie sein Weib ist, aus Eifersucht in
eins seiner Schlösser stecken — und dann —
was verlangen wir noch? Dem Alten den
Regierungsstab aus den schwachen Händen
zu drehen, das wird uns wohl so gar schwer
nicht werden.

Ren. Recht gut!

Wilh.

Wilh. Eleonore wird Gräfin von Tragonara und die schöne Renata die Krone der Schönheit des Hofes seyn.

Ren. Wilhelm, jzt ist es Zeit daß ich Euch etwas entdecke. Ihr werdet selbst sehen daß es nötig war Euch das zu sagen. — Sezt Euch.

Wilh. (Sezt sich) Ihr seyd meiner gänzlichen Verschwiegenheit versichert.

Ren. Des Herzogs ächter Sohn Karl, war ein Kind, als ich an diesen Hof kam. Er ging verloren, ohne daß man wuste wie. — Ich muß es Euch gestehen — Ich lies ihn durch einen treuen Diener ins Waßer tragen. Der gewißenhafte Bube kam nicht wieder, seine Belohnung zu empfangen — Wilhelm! wenn diesem Schurken auf seinem Sterbelager der Tod dies Bekenntniß auspreste, wenn es der Herzog erführ — oder wenn er den Prinzen im fremden Lande erzog — und dieser jezt unvermutet wieder käm!

Wilh. Herzogin, Ihr macht mir bange!

Ren. Wilhelm, könnt Ihr Euch einen Begriff machen wie mir zu Mute ist? — Ich habe so schreckliche Träume, der blutige Knabe erscheint mir allenthalben — oft bebe ich vor meinem eignen Schatten zurük. —

Wilh. Aber warum thatet Ihr das?

Ken. Der Himmel hat mich gestraft ---
ich habe keine Söhne geboren -- und ---
Wilhelm! was rauscht dort!

Wilh. (springt auf) Nichts! — Ich sehe nichts!

Ken. Hört Ihr's nicht! — Wenn man uns belauscht hätte! —

Wilh. Ich glaube es ist Eleonore! —
Ja sie ist's!

Achter Auftritt.
Vorige. Eleonore.

Ker. Warum kömmst du so unangemeldet herein?

El. Habt Ihr mich nicht gerufet?

Ken. Du träumst! ---

El. Mir war's so! --- Wenn ich Euch ungelegen komm --- Ich wollte Euch etwas sagen. ---

Ken. Was hast du mir zu sagen?

Wilh. Ich will nicht in die Geheimnisse der schönen Eleonore dringen. ---

(geht ab)

Neunter Auftritt.
Renata. Eleonore.

El. Mutter —

Ren. Was wilst du mein Kind?

El. Ihr habt mich zwar nicht unter Euern Herzen getragen — aber Ihr seyd meines Vaters Weib — ich nenne Euch Mutter —

Ren. Ich liebe dich zärtlich liebes Kind —

El. (Fällt nieder) Beste Mutter —

Ren. (Hebt sie auf) Liebstes Kind — rede — Ich will dir helfen wenn ich kann.

E. Ja Ihr könnt, wenn Ihr wollt.

Ren. Wenn ich kann, so will ich auch.

El. Ich will gern ins Kloster, wenn ich nicht mehr bei meinem Vater seyn soll —

Ren. Wer sagt das?

El. Ich glaube es. Warum eilt man so mit meiner Verlobung?

Ren. Dein Vater ist alt und —

El. Befreit mich von dieser verhaßten Verbindung!

Ren. Verhaßte Verbindung? Mit Robert? — Konnte je einem Mädchen eine Verbindung willkommener seyn als eine solche? — Eleonore, dahinter steckt etwas! —

El.

El. Der Graf ist kein Mann für mich — ich kann ihn nicht lieben — Ihr macht mich unglüklich!

Ren. Unglüklich? — Freilich ist der Graf nicht so ein empfindsamer Frauendiener, der bei Mondlicht schwindelnd in Wonne zerfließt und die schöne Seele des Mädchens mehr liebt als ihre schöne Larve — Er braucht ein Weib — und ohne Widerrede du wirst das seinige, verliebte Schwindlerin! — Er wird nicht girrend mit dir die Felder durchirren, nicht dem Echo seine Freuden vorwinseln — aber er wird dich lieben, wie ein Weib zu lieben ist.

El. Aber beste Mutter —

Ren. Schweig!

El. Ihr macht mich unglüklich! — führt mich dem Grabe entgegen —

Ren. Ja, einem gewißen Grabe — dem Hochzeitbette.

El. Mutter, wenn ich nun in der Angst meiner Seele Euch verfluchte!

Ren. Der Fluch solcher schwindelnden Dirnen erreicht die Wolken nicht. Aber — Still! junge Ritterdame! wir wollen uns vorsehen. Wenn du deine Hand dem Gra-

C 4

fen

fen nicht geben wirſt — ſo ſey verflucht, von mir, verflucht auf ewig daß dich —

El. (ſinkt auf einen Stuhl) Mutter haltet ein!

Ren. Verflucht auf ewig mit ſchreklichen Träumen des Nachts, und mit bangen Nachrichten des Tags gequält zu ſeyn. Girre ewig bei Mondlicht im Haine und werde verfolgt von giftigen Ottern. Jeder Tropfen der hellen Quelle werde dir zum verzehrenden Gifte und — — Nun fluch mir wie du willſt! — Girrendes Täubchen im Haine, winſle dem Waßerfall deine Klage vor, trübe ihn mit deinen Thränen und rufe laut daß das Echo es bekräftige: Meine Mutter hat mich verflucht!

El. Ihr ſeyd grauſam — unbarmherzig — Ich kann Euch nicht mehr Mutteer nennen.

Ren. Nenne mich wie du willſt. — Fort! Kleide dich zu deinem Verlobungstage beßer an, denn das ſchwöre ich dir, du wirſt des Grafen Weib und ſollte ich dich ſelbſt beim Haaren vor den Altar ſchleppen.

El. Der Himmel iſt ein Rächer der Unſchuld. Er ſieht mein Leiden und wird es enden!

Ren.

Ren. Rufe wie du willst — rufe Weh über mich, und dein Ruf wird mir Seegen bringen.

El. Nimmer! nimmer! —

Zehnter Auftritt.
Vorige. Tankred.

Tank. Wehe mir! Ich dachte es sollte ein Tag der Freude werden — aber ich sehe es wird ein Tag des Unglüks!

Ren. Was fehlt Euch liebster Gemal?

Tankr. Ich habe meinen Ferdinand verbannt —

El.)
Ren.) Verbannt?

Tankr. In einer Stunde wird er mein Schloß, und noch vor der folgenden Morgen mein Gebiet räumen.

Ren. Warum?

Tankr. Er hat meinen Sohn beleidigt — Er hat ihm seine Geburt vorgeworfen und zum Kampfe gefordert. Ich untersagte den Kampf. Er höhnt meinen Sohn, dieser antwortet bitter — Ferdinand zieht auf dem Saale das Schwerd, schlägt Wilhelm — bricht den Burgfrieden — und erklärt ihn für entehrt.

Ren. Euern Sohn?

Tankr. Die Ritter sagen: Nein! Alles ist in Aufruhr. Ich komme dazu, aber das war umsonst. Wär nicht so eben Euer Bruder, der Kardinal, gekommen, es wär ein Mord entstanden.

Ren. Mein Bruder ist da?

Tankr. Ja er ist gekommen, der Page traf ihn auf dem Wege.

Ren. Diese Verlobung wird festlich werden!

El. (für sich) Ach, Gott!

Tankr. Und mein Ferdinand ist nicht dabei! — Ich wollte heute eine doppelte Verbindung zu Stande bringen — und nun ist alles aus! — Ich muste meinen Ferdinand verweisen!

Ren. Und er brach den Burgfrieden? Steht nicht der Tod darauf?

Tankr. Leider! — Aber nein, sterben soll er nicht, er soll in die Welt gehen und sehen ob er einen beßern Vater findet, als ich ihm war.

Eilfter Auftritt.
Vorige. Ferdinand.

El. (Für sich) Gott! Ferdinand!

Ferd. Verzeiht, gnädigster Herzog —

Tankr. Kannst du mich nicht mehr Vater nennen?

Ferd. Ich darf nicht mehr. — Ihr habt Euern Sohn verbannt. Laßt mich ziehen und einen andern Vater suchen.

Tankr. Ferdinand, diese Kränkungen verdiene ich nicht: — du hast den Burgfrieden gebrochen — du hast das Leben verwürkt.

Ferd. Nehmt es hin, es wird mir so zur Last.

El. (Für sich) Ich halte es nicht aus! —
(Geht unbemerkt in ein
Seitenzimmer).

Tankr. Du hast deines Vaters Sohn beleidigt —

Ferd. Es wär mir ein leichtes mich zu entschuldigen, aber wenn ich dem Vater meine Unschuld bewies, würde ich den Vater kränken. Ihr habt noch einen Sohn, Vater, der Euch — — Ich sage nichts — Euern Seegen — (kniet nieder) ich will ziehen.

Tankr. (Umarmt und hebt ihn auf) Mein Ferdinand —

Ferd.

Ferd. Ich will gehen, ich will Euer Gebiet nicht wieder betreten. Aber ehe ich gehe, gewährt mir noch eine Bitte.

Tankr. Sie sey dir gewährt — Was wünschest du?

Ferd. Daß Ihr mir erlaubt, so bald Euch Unrecht geschieht, wiederzukommen und Euern Feinden zu zeigen, daß auch Euer verbannter Sohn ein Schwerd hat, seinen gekränkten Vater zu rächen.

Tankr. Das wird nie geschehen, mein Sohn.

Ferd. Traut dem Hofgesindel nicht und fürchtet mehr die Ränke der Weiber als die Schwerder der Männer.

Tankr. Ferdinand was sagst du da?

Ferd. Nichts! — Ich bin schwermütig! — die Zeit naht sich, ich muß fort!

Tankr. Mein Ferdinand — (wischt sich die Thränen aus den Augen) Gott seegne dich! sey glücklich! leb wohl! (Umarmt ihn) Gieb mir Nachricht von deinem Auffenthalte. Hörst du!

Ferd. (bewegt) Ja mein Vater! Ihr sollt viel von mir hören.

Tankr. Leb wohl! (Umarmt ihn) Gott mit dir!

(geht ab).

Ferd. Gnädigste Frau — (küßt ihr die Hand) lebt wohl!

Ren. Auch Ihr! — Und beweget oft in Euern Herzen den Spruch: Hochmut kömmt vorm Fall. — Ich bin Eure gnädige Fürstin!
(geht ab).

Ferd. (Siebt sich um) Und wo ist sie, die mir den Abschied so schwer macht? Wo ist Eleonore? — Soll ich sie ohne Abschied verlaßen? — Sie ist fortgegangen, sie will mich nicht sprechen. — Ich soll sie nicht wiedersehen? — Ohne Abschied? — Sie will es so!
(will gehen).

Zwölfter Auftritt.
Ferdinand. Eleonore.

Ferd. (Eilt auf sie zu) leb wohl!

El. Ferdinand! — Mein Lieber!

Ferd. Dich soll ich verlaßen! — Eleonore, hast du denn all deine Schwüre vergeßen? Du schwurst nur mit mir zu leben und nun — soll ich ziehen — dich in den Armen eines andern sehen?

El. Nimmer! —

Ferd. Du hältst deine Schwüre, Eleonore?

El. Nur dich — und keinen andern werde ich lieben! —

Ferd.

Ferd. So folge mir. — Ich werde dich im Garten erwarten — Wir können glüklich seyn ohne daß wir am Hofe leben. Die stillste Einsamkeit wird die schönste Freistadt unsrer Liebe seyn!

El. Nein Ferdinand — ich kann meinen Vater nicht verlaßen! —

Ferd. Du liebst mich nicht! Du hast mich nie geliebt!

El. Gott weis es, wie sehr!

Ferd. Und willst mir nicht folgen — Komm, komm mit mir!

El. Laß mich! —

Ferd. Eleonore!

El. Laß mich! —

Ferd. Bestes Mädchen, ich beschwöre dich —

El. Ach Gott! — laß mich!

Ferd. Gut! — Geh hin zu deinem edlen Bräutigam, daß du ihn mehr liebst als mich!

El. Ich bitte dich — du weißt es nicht —

Ferd. Geh hin und sey selbst glüklich, wenn du nur Unglük andern bereiten kannst. — Ich will auch gehen und die Welt durchziehen als ein Bettler. Bei den Pallästen will ich vorüber gehen und an der niedrigsten Hütte

Hüttenthür klopfend stehen und harren bis
man mir aufthut und eine fromme Seele mir
ein Almosen reicht. — Es wird doch in der
weiten Welt ein Mädchen seyn, die eben so
unglüklich ist als ich — diese soll meine Freundin seyn. Ich will ihr die Thränen von den
bleichen Wangen küssen und an ihrem Busen
mein Unglük und mein Leben verweinen.

El. Ich Unglükliche!

Ferd. Verflucht sey die Hand des Bild-
hauers, der seine Geschiklichkeit über meine ??? zeigen will, und die Hand dessen
??? der den Wandrer durch Buchstaben
??? mitleidiges: „Stehe still und lies,"
erinnert.

El. Hör auf! —

Ferd. Seegen dem liebenden Mädchen,
die einen Rosenstok auf den frischen Grabhü-
gel pflanzt, daß im Dufte der Blume,
Liebe aus dem Marke meiner Gebeine em-
porsteige.

El. Ferdinand — du tödest mich!

Ferd. (Reißt ihr Bild unterm Arm vor)
Hier ist dein Bild Mörderin. Der Mahler
hat gelogen — (er zerbricht) Wer diese Stü-
ken,ie wieder zusammenfügt und dir das Andenken an diesen Augenblik entreißt, der sey

ver-

verflucht! verflucht, daß ihm nie die Sonne der Liebe bescheine! (Wirfts ihr vor die Füsse) Hier seufzte ich oft! — Nun, seufze ich mit einem Seufzer all meine Liebe zu dir weg! — Noch einmal! (küßt sie) leb wohl!

(schnell ab).

El. Ferdinand! Ferdinand! — Er geht! — Ich mit dir! — Ich mit dir! — Mein Bild — (Will ihr Bild aufheben) Hülfe! — (Sinkt ohnmächtig zu Boden).

Dritter Aufzug.
(Saal).
Erster Auftritt.
Kardinal. Robert.

Kardinal.

In der That, ich wünsche Euch Glük! — Eure Braut ist schön, tugendhaft und hohes Standes. Ihr hättet keine beßre Verbindung treffen können.

Rob. Ich danke Euch, Herr Kardinal. — Aber wie gesagt.. Es muß ihr freier Wille seyn. Gezwungen, mag ich meine künftige Gattin nicht zum Altare führen.

Kard.

Kard. Zwingen wird sie niemand.
Rob. Und doch scheint mir's so! —
Kard. Der Schein betrügt!
Rob. Sie hat mir es aber selbst gesagt, daß sie einen andern liebt.
Kard. Einen andern? — Und der wär?
Rob. Das weis ich nicht!
Kard. Könnt Ihr auch nicht mutmasen?
Rob. Nein!
Kard. Sagt man, murmelt man nichts am Hofe davon?
Rob. Noch habe ich nichts gehört.
Kard. Es wär doch sonderbar!

Zweiter Auftritt.
Vorige. Tankred. Renata.

Ren. Seyd vielmals willkommen, lieber Bruder. Wir sind höchst erfreut, Euch bei uns zu sehen.

Kard. Ich wollte den Feierlichkeiten so gern beiwohnen. Euer Brief traf mich auf dem Wege.

Ren. Das habe ich gehört. — Nun Graf, Ihr seyd doch nicht bei übler Laune? Zu Euerm Verlobungstage schikt sich dieses Gesicht gar nicht.

Rob.

Rob. Gnädigste Frau — es ist noch nicht ausgemacht, ob der heutige Tag so glüklich für mich seyn wird, wie Ihr denkt.

Ren. Die Schuld würde an Euch liegen.

Rob. Nicht an mir.

Tankr. Seyd ruhig Graf — Ich kenne Eleonore — ihre Schüchternheit —

Rob. Sie war sehr entschlossen, als sie mir sagte: ihr Herz wär schon verschenkt.

Ren. Ihr kennt die Weigerungen der Bräute nicht gut, Graf.

Rob. Das glaub ich wohl. Dies wird meine erste Ehe. — Aber ich erkläre nochmals: Erzwungen will ich kein Ja von der Prinzessin hören.

Tankr. Ich werde mit ihr als Vater reden.

Ren. Ich habe schon mit ihr gesprochen — und ich kann Euch versichern, Graf, — es sind kleine unbedeutende Weigerungen, die keine Folgen haben. Ich nenne Euch zum erstenmale Sohn!

Dritter Auftritt.

Vorige. Isabella.

Kard. Ei, vielmals willkommen, schöne Gräfin! Ihr kommt —

Is.

Jf. Ich komme dem Herzoge Vorwürfe als Vater zu machen.

Tankr. Mir?

Jf. Ihr habt Euern Sohn, Euern guten Ferdinand verbannt — um das Häuflein der Edeln Eures Hofes kleiner zu machen, daß es ein Schurke zerstreuen kann. — Ich gehe — und du Bruder wirst mich begleiten.

Rob. Schwester — wohin?

Jf. Fort von hier. — Worauf willst du warten? Eleonore wird nie die deinige werden. Wisset, was Ihr vielleicht noch nicht wußtet — Eleonore liebt Ferdinanden.

(Zugleich) { Ren. Ferdinanden?
Tankr. Meinen Ferdinand?
Rob. Dieser mein Nebenbuler?

Kard. Gräfin was sagt ihr da?

Jf. Die Wahrheit. —

Ren. Ferdinand ist verbannt — Er ist fort —

Jf. Aber noch immer gegenwärtig im Herzen seiner Geliebten. — Bruder, mach dich keines Verbrechens theilhaftig — kränke die unschuldige Prinzessin nicht —

Rob. Nein, bei Gott nicht! — Ich bin Euer Freund, gnädigster Herr, verlangt nicht daß ich der Feind Eures Geschlechts

D 2 sey.

ſey. — Ich will die unglückliche Eleonore nicht betrüben —

Karb. Ihr ſeyd ein braver Mann, Graf!

Vierter Auftritt.
Vorige. Wilhelm.

Wilh. Verzeiht Vater — der Himmel ſcheint mich auserſehen zu haben, der Bote lauter trauriger Nachrichten zu ſeyn. Laßts den Ueberbringer nicht entgelten.

Tankr. Was haſt du mir zu ſagen?

Wilh. Ferdinand iſt fort. — Zufälliger Weiſe kömmt Emanuel in ſein Zimmer und findet dieſes Briefchen.

Tankr. (Nimmts) Es iſt ſeine Hand.

Ren. Ja ſie iſts, ob gleich kein Name drunter ſteht.

Wilh. Er hat ihn vielleicht gern vergeßen. Es iſt auch keine Ueberſchrift drüber, man weis alſo nicht an wem er iſt. — Leſt nur!

Tankr. Leſt's Bruder.

Karb. (lieſt) „Alles iſt bereit. Ich erwarte Euch — Meine Getreuen werden beſorgen, daß der verabredete Auflauf um eben dieſe Stunde geſchieht, in welcher wir zu Capoſſa gekrönt werden."

Tankr. Steht das da? gekrönt?

Kard. Hier steht's!

Ren. Der Brief wird doch nicht an Eleonoren seyn?

Wilh. Ich wage es nicht zu mutmasen.

Tankr. Der Rebell!

Is. Ferdinand kann diesen Brief nicht geschrieben haben. Der Teufel hat seine Hand nachgemalt!

Rob. Hm! —

Ren. Wo ist Eleonore? — Wenn sie —

Fünfter Auftritt.
Vorige. Emanuel. Johanna.

Joh.) gnädigste Frau —

Em.) gnädigster Herr —

Ren. Was giebts?

Joh. Die Prinzessin ist fort!

Tankr. Meine Tochter?

Kard.) Eleonore?

Rob.) Fort?

Ren. Ein Streich von Ferdinanden!

Tankr. Auf! — Man soll ihnen nachsezzen! — Und wer sie zurük bringt, soll wohl belohnt werden.

Ren. Auf allen Strasen nach!

Wilh. Ich selbst will meinen Gaul nicht schonen!   (mit Emanuel ab).

Ren. Ich bin auſſer mir!

Tankr. Das war ein ſtarker Schlag!

Ren. Liebſter Gemahl, nehmt Euch die Sache nicht zu ſehr zu Herzen!

Tankr. Sie wollen einen alten Vater morden! Fahre wohl du unglüklicher Greis! Deine Kinder verrathen dich — ſie machen dir ein Grab — hinein ins Grab! du haſt lange genug gelebt.
(kummervoll ab).

Ren. Verfluchte Brut, die Wohlthaten und Vaterliebe ſo ſchlecht belohnt!
(mit Johanna ab).

Sechſter Auftritt.
Kardinal. Iſabella. Robert.

If. Was haltet Ihr davon?

Kard. Ich weis nicht was ich denken ſoll!

Rob. Habt Ihr Ferdinanden gekannt?

Kard. So viel ich weis, war er iederzeit ein braver Ritter.

Rob. Bei Gott das war er — und er muß es noch ſeyn.

If. Glaubt mir, ein Schurkenſtreich iſt hier im Spiele.

Kard. Und doch war es ſeine Hand!

If.

Jf. Habt Ihr nie etwas von der feinen Kunst gehört, die Handschriften nachzumahlen? — Es ist eine verfluchte Kunst — und wer weis —

Kard. Ist Ferdinand unschuldig, so wird es sich zeigen!

Jf. Wo sind seine Vertheidiger? — Herr Kardinal, noch diesen Morgen hörte ich wie der Bastart ihn beleidigte, und weil sich dieser vorm Kampfe fürchtete zu dem ihn Ferdinand forderte, brachte er es dahin, daß der Herzog denselben verbot. — Wie sollte sich Ferdinand rächen? Er fand sich beleidigt und warf seinem Gegner seine Zaghaftigkeit vor. Dieser höhnte ihn so lange, bis sich Ferdinand vergas — der Burgfriede war gebrochen, und er wurde des Landes verwiesen!

Kard. Aber wo sollte Eleonore seyn?

Jf. Sie kann mit ihm entflohen seyn — aber diesen Brief — hat Ferdinand warlich nicht geschrieben, es mag seine Faust in der verfluchten Kunst geübt haben, wer da will.

Rob. Laßt's uns abwarten. Der Himmel wird die Unschuld nicht verlaßen.

Kard. Ich hätte geglaubt den heutigen Tag freudiger zuzubringen. Laßt uns zum Herzog

Herzog gehen, daß er seinem Grame nicht zu sehr nachhängt.

(ab mit Robert).

Is. Dieser Hof ist ein steinigtes Feld, die Kornähren sind zu zählen. Zwar blühen schöne Blumen dazwischen, aber sie füllen nicht die Speicher. —

Siebenter Auftritt.
Isabella. Emanuel.

Is. Und du bist nicht mit fort um die Flüchtigen aufzusuchen?

Em. Nein. Ich habe den Dienst bei der Herzogin.

Is. Ich dachte, — bei dem Bastart!

Em. (Für sich) Das Wort! —

Is. Komm her! — Sieh mich an!

Em. Was wollt Ihr?

Is. Bube, du bist bestochen!

Em. Wozu?

Is. Wer hat den Brief geschrieben?

Em. Welchen Brief?

Is. Den du in Ferdinands Zimmer gefunden hast.

Em. Das weis ich nicht.

Is. War es nicht Ferdinands Hand?

Em. Ich kenne sie nicht. — Des Herzogs Sohn sagt es.   Is.

Jf. Haſt du den Brief wirklich gefunden?
Em. Bei meiner Seele, Gräfin.
Jf. Weißt du nicht wer ihn dahin geworfen hat?
Em. Nein. — Gräfin, warum habt Ihr mich im Verdacht? Ich ſchwöre es Euch, wenn ein Betrug vorgegangen iſt, ſo bin Ich wenigſtens unſchuldig. Ihr habt mich unrecht im Verdacht.
Jf. Das thut mir leid!
(geht ab).
Em. Leid? — Gräfin, Ihr habt ein ſchlimmes Wort geſagt und Ihr traft mich ohne daß Ihr zieltet!
(ab).

Achter Auftritt.
(Wald. Im Hintergrunde ein ſchlechtes Häuschen mit Stroh gedekt.)

Einſiedler. (trägt ein Bündel Holz auf dem Rükken, und wirfts vor der Thür nieder).

Da lieg! — die Laſt war ſtark! — Und doch noch nicht ſo ſtark als die Laſt meiner Sünden. Noch dieſes Holz will ich verbrennen, und dann will ich zur Stadt. Dieſes Kleid wird mich für Mißhandlungen ſchüzzen. — Mein Alter wird Glauben verdienen — und ich will alles bekennen. Der Kopf wird

wird täglich kahler und meine Jahre häufen sich. Die Füsse könnten mir bald den Dienst versagen --- und der Tod könnte mich überraschen — Nein! ich will nicht länger warten --- --- Was hör' ich? — Waffen klirren? --- Wer kömmt in diese Einöde? — Es ist entdekt! Wo verberg' ich mich? ---
(kriecht hinter einen Busch).

Neunter Auftritt.
Ferdinand. Lucio. (mit einem Bündel).

Ferd. Nun sind wir tief genug in den Wald! --- Hier Lucio, für deine treuen Dienste nimm diesen Ring. Ich kann dir weiter nichts geben. —

Luc. Gnädiger Herr ---

Ferd. Mein Gaul sey dein. Nimm meine Rüstung mit dir — ich brauche nichts als dies Schwerd. Zieh nach der Stadt, mache alles zu Gelde, such dir einen andern Herrn und vergiß mich. Diese Kleider leg her --- ich will sie selbst weiter tragen. — Leb wohl!

Luc. (legts Bündel hin) Laßt mich bei Euch bleiben, edler Herr.

Ferd. Du hast ein Weib — und deine Kinder verlangen Brod. — Hier, du kannst

auch)

auch diese goldene Kette nehmen, ich brauche sie nicht.

Luc. Es thut mir so weh Euch zu verlaßen!

Ferd. Genug! — es muß so seyn. Leb wohl! —

Luc. Wenn's nicht anders seyn kann —
(halbweinend)

Ferd. Noch einen Dienst mußt du mir erzeigen.

Luc. Herzlich gern!

Ferd. Diesen Brief gieb der Prinzessin — wenn du sie allein siehst.

Luc. Ich wills besorgen. —

Ferd. Nun ists gut! —

Luc. Lebt wohl! —

Ferd. Mach mich nicht weich! — Geh!

Luc. Nochmals — lebt tausendmal wohl! (küßt ihm die Hand).

(ab).

Zehnter Auftritt.
Ferdinand.

Nun bin ich frei! — Nichts will ich behalten, das mich an meinen vorigen Zustand erinnern könnte, als dies Schwerd. — Sie reichte mir es, als den Dank des Turniers,

niers, wo ich — zurük! — Ein Traum der beßern Zeit! — Jezt bin ich ein Verbannter. — Ich will mir den finstersten Ort in diesem Walde aussuchen, in Einsiedlerkleidern mich mit Eulen unterhalten und die menschliche Gesellschaft fliehen — (sieht sich um) Was seh ich? Eine Einsiedelei? Wohnt hier schon ein Mensch? — Wenn du freiwillig dich hieher verbargst so bist du ein Narr! Wenn du genöthigt wurdest dich hier zu verbergen, so bedaure ich dich. — Ich werde dich nicht verrathen. — Aber, ich weis nicht warum ich diesen Wald so lange umritten habe — ich habe mich verweilt — nur mitten durch, und ich wär etliche Stunden früher hier angekommen. — Ewiger Gott, du führst mich auch in der Wüste zu Menschen — und bereitest mir ein Mahl in der Einöde! —

Eilfter Auftritt.
Ferdinand. Einsiedler.

Einf. Wer bist du?

Ferd. Ein Unglüklicher.

Einf. Was suchst du hier?

Ferd. Ruhe, ehrwürdiger Greis.

Einf. Wenn du sie nicht mit dir bringst, wirst du sie hier vergeblich suchen.

Ferd.

Ferd. Meinst du?

Einſ. Ich habe es erfahren. — Du kömmst vom Hofe?

Ferd. Wie du ſiehſt. — Aber bald wird nun mein Bart wachſen, und (aufs Bündel) wenn ich dieſe Kleider anhabe, ſoll mir's niemand mehr anſehen, daß ich ſonſt Panzer und Ketten trug. — Willſt du mich zu deinen Geſellen annehmen?

Einſ. Herzlich gern! — So lange es Euch hier gefällt —

Ferd. Es wird mir ſchon gefallen. — Und wenn es mir hier nicht gefällt, wall' ich als Pilger zum heiligen Grabe.

Einſ. Da thut Ihr wohl. — Wollte Gott, ich wär noch ſo jung als Ihr, ich wollte mich nicht lange beſinnen mit Euch zu wallen.

Ferd. Wollteſt du?

Einſ. O ja! — Ich bin ein groſer Sünder!

Ferd. In der That, Freund, ich bin dein Beichtvater nicht. Mit der Zeit kannſt du mir deine Geſchichte als Freund erzälen, aber mit der meinigen dagegen kann ich dir nicht dienen. Jezt komm und laß mich dieſen verhaßten Staat abwerfen! (Nimmts Bündel).   Einſ.

Einf. Kommt!. — Ich habe zwei Kammern in meiner Hütte, die eine könnt Ihr künftig bewohnen.

Ferd. Wenn ich bei dir bleibe, wollen wir die Hütte so vergrössern, daß sie uns ein Pallast seyn soll.

(gehen in das Haus).

Zwölfter Auftritt.
Eleonore. (in Pilgerskleidern).
(singt).

Durchwallen will ich Flur und Hain,
 im heiligen Gewand,
und überall dich Liebster mein,
 Dich rufen, Ferdinand!

Und wenn ich Dich gefunden hab'
 werf ich aus meiner Hand
schnell meinen runden Pilgerstab
 und fasse Ferdinand.

Rastlos will ich hin und her wandern und dich suchen bis ich dich gefunden habe, Liebster, den meine Seele liebt! — Wo bist du Ferdinand? will ich überall rufen, und wie oft werde ich getäuscht meine Arme nach dir ausstrekken, wenn das lallende Echo mir eine Antwort zurufen wird. — Ich habe meinen Vater verlaßen dir zu folgen — Ferdi-
                                    nand

nand du hast mich sehr gekränkt --- und ich liebte dich so sehr! — Was seh ich? dort eine Einsiedelei? Ich muß fragen, ob Ferdinand nicht hier war. --- (geht näher zum Häuschen) Ich will singen, daß sie mich hören. Daß sie mir nichts zu leide thun, will ich recht sanft singen --- und will kläglich thun, daß sie gerührt werden. (singt).

Saht ihr nicht meinen Lieben hier?
fragt' eine Pilgerin,
wenn ihr ihn saht, so sagt es mir,
sagt mir, wo ist er hin?

Dreizehnter Auftritt.
Eleonore. Einsiedler.

Eins. Wer singt so schön?

El. (Erschrocken etliche Schritte vorgehend) Ich wars, ehrwürdiger Greis.

Eins. (tritt zu ihr) Fürchte dich nicht, liebes Kind. — Was willst du? hast du dich verirrt?

El. Hast du meinen Ferdinand nicht gesehen?

Eins. Ich kenne ihn nicht!

El. (singt)
Er trägt ein schönes goldnes Schwerd
und blanke goldne Sporn,
er sizt auf einem schwarzen Pferd
und führt ein goldnes Horn.

Also weißt du nicht wo er ist? — Du hast ihn nicht gesehen? — Leb wohl!

Einſ. Liebes Kind, du möchteſt dich verirren.

El. Ach nein!

Einſ. Vielleicht biſt du müde, willſt du nicht in meiner Klauſe übernachten? Morgen kannſt du weiter gehen.

El. Nein! ich muß heute noch gar weit gehen, ich muß meinen Ferdinand ſuchen. — Vielleicht finde ich ihn heute noch.

Einſ. Der Wege ſind viel. Wenn du nicht weißt welchen er gegangen iſt, wirſt du ihn ſchwerlich finden.

El. (traurig) Sage mir das nicht!

Einſ. Deine zarten Füſſe werden dich heute nicht mehr weit tragen.

El. Ich muß ihn ſuchen bis es Abend wird. Wenn ich auch unter freien Himmel übernachten muß — zwar das erſtemal! — aber wer weis ob ich nicht ruhiger ſchlafe als im Pallaſt!

Einſ. Du biſt noch nicht lange gewallt! — Was trieb dich an in dieſem Kleide einen Pallaſt zu verlaßen?

El. Die Liebe! — Ich ſuche meinen Ferdinand.

Einſ.

Einſ. Und Er verlies dich?

El. Ach! er muſte mich und den Hof verlaßen!

Einſ. Den Hof? — liebes Kind — wenn ich nun --- nein! ich kann dir nicht vergeblich Hofnung machen!

El. Haſt du ihn geſehen?

Einſ. Ich weis nicht ob er's iſt. Ich ſah einen Ritter ---

El. Einen Ritter? Wo iſt er? — Sahſt du ihn? — Was trug er für eine Feldbinde?

Einſ. Weiß und ſchwarz.

El. Wo iſt er? Und ſein Wehrgehäng und ſeine Schärpe?

Einſ. Weiß und ſchwarz, liebes Kind.

El. Du ſahſt ihn?

Einſ. Ja!

El. Ja er iſt's! es iſt mein Ferdinand!

Vierzehnter Auftritt.

Vorige. Ferdinand. (in Einſiedlerskleidern).

El. Ferdinand!

Ferd. Eleonore! — (eilt auf ſie zu und faßt ſie in ſeine Arme) So hat die Liebe dir ihre Freiſtadt doch gezeigt?

E   El.

El. Find ich dich hier?

Ferd. Ehrwürdiger Greis — sieh, das ist meine Eleonore! — Sie verließ die schimmernde Pracht des Hofes — und fand mich in dieser Hütte!

El. Du hast mich sehr gekränkt!

Ferd. Vergieb!

El. Das hab' ich längst! — Ich folgte dir.

Ferd. Der Himmel begünstiget unsre Liebe. Er gab mich dir wieder — Ich habe dich iezt und laße dich nie wieder! — Nichts soll unsre Ruh, soll unser Glük nun stöhren — du bist mein — mein auf ewig!

El. Mein Ferdinand!

Ferd. Meine Eleonore! — Siehst du, diese Hütte hat Raum für mich und dich, und wenn es uns daran gebricht, sollen meine Hände nicht müßig seyn, sie zu erweitern. Unsre Kost wird kein fürstliches Mahl, aber genug seyn uns zu sättigen — und was bedürfen wir mehr als was uns die Natur reicht?

El. Mit dir Ferdinand, wollt' ich in einer Wüste leben. — Dies Leben zu erhalten —

Einf. Wird Euch die Natur, die gütige Mutter ihrer Kinder, immer genug reichen,

chen, wenn Ihr mäßig seyd. Mich hat sie noch nie darben laßen. — Das Leben zu erhalten reicht sie Mittel mit tausend Händen. Immer sind ihre Hände gefüllt, wie die Hände einer gütigen Mutter —

El. Ich will gern mit wenigen zufrieden seyn. Wenn ich dich habe, Ferdinand, werde ich immer genug haben.

Ferd. Engel — mir zum Troste vom Himmel gesandt!

El. Die Menschen haben uns verbannt —

Ferd. Und die Natur nimmt uns in ihren Schoos. — Wir werden auch in der Einöde Freuden die Fülle haben!

Einf. Der Himmel liebt Euch und mich!

Ferd. Heute, guter Greis, wollen wir verzehren was wir haben!

El. Unter diesem Kleide habe ich Edelsteine genug, uns lange zu nähren.

Ferd. Eleonore!

El. Liebster!

Ferd. Komm und ruhe aus von deiner weiten Wanderschaft!

E 2 Vier-

Vierter Aufzug.
(Saal)
Erster Auftritt.
Edelwert. (gewappnet).

Es ist alles stille im Schlosse! — Ich bin freilich ein wenig früh angekommen, aber gewiß immer zu spät. Ferdinand wird mich schon längst erwartet haben — denn er wuste ja nicht welch ein Magnet mich zurükhielt. Aber ich weis nicht wo er ist — Im Garten, wo er doch immer sehr früh zu seyn pflegt, war er nicht — sein Zimmer war verschlossen — vielleicht ist er auf der Jagd! — Wenn er wüste daß ich da wär, die Falken würden nicht lange zu fliegen haben. — Zurükgehen mag ich nicht. Ich will hier warten, es wird doch irgend ein Hofpoet oder sonst iemand kommen, mit dem ich die Zeit verplaudern kann, bis er zurükkömmt. — Die Zeit wird mir lang — (geht unruhig auf und ab) — ist's doch als wär der ganze Hof ausgestorben! — Kein Page — kein Knappe — keine lebendige Seele! — Der ganze Hof wird doch nicht auf der Jagd seyn! — Still! es kömmt iemand!

Zweiter Auftritt.
Edelwert. Johanna.

Joh. Was seh ich? Edelwert?

Edelw. Mit Leib und Seele! ---

Joh. Wie giengs auf dem Turnier?

Edelw. Wie es nun so zu gehen pflegt! Bunt über und unter einander.

Joh. Gab's schöne Damen dort?

Edelw. So viele, wie Sterne am Himmel! Aber es war nur ein Morgenstern darunter.

Joh. Und der war?

Edelw. Die verwittwete Gräfin von Ostia. Sie ist erst zwanzig Jahr alt --- und ein Weib! bei meiner Seele! ein leibhafter Engel! So wahr ich ein Teutscher bin, dieses Engels wegen, wünscht' ich teutscher Kaiser zu seyn, um sie zur höchsten Frau in der ganzen Christenheit zu machen! --- Nun stellt Euch einmal vor, ich hab ihr die Hand geküßt, und dies Schwerd --- o! ich will's tragen so lange ich lebe, --- und wenn ich sterbe, sollen sie mir es mit ins Grab geben, oder ich erscheine alle Nächte in gräßlicher Gestalt, und quäle alle Menschen die das Schwerd besitzen, aufs grausamste.

Joh. Sie hat's Euch vermutlich geschenkt? Es ist ein köstliches Schwerd! Gold und Edelsteine sind nicht dran gesparet. Was habt Ihr denn der schönen Gräfin dafür für einen Ritterdienst geleistet?

Edelw. Dies Schwerd ist der erste Dank des Turniers.

Joh. Was? Ihr habt den ersten Dank des Turniers erhalten?

Edelw. Ich. — Ich trage der Gräfin Farbe. Seht diese Schärpe, blau und silberne Sterne — der nächtliche Himmel. — Sie hat sie selbst gestikt und mir geschenkt. Ich habe sie geleitet gen Ostia und auf ihrem Schlosse übernachtet. — O! wer so glüklich wär in ihren Armen auf ewig zu ruhen!

Joh. Ihr seyd wohl gar verliebt?

Edelw. Ja das bin ich. — Ich brauche mich dieser Liebe nicht zu schämen. — Jezt will ich meine Ritterfahrt antreten und mich in allen Landen als ihren Ritter zeigen, bis der Ruf meiner Thaten um ihrentwillen, ihr zu Ohren kömmt und sie — —

Joh. Jezt überlaßt Euch Euern Träumen nur nicht zu sehr. Habt Ihr Mut, ist Euer Schwerd eben so schneidend und scharf als es schön ist — so könnt Ihr hier die er-

erste Probe Eurer Tapferkeit damit able-
gen. (geht eilig).

Edelw. Hier? — hier? — Was ist
das? — Wozu?— Sollte mein Freund in
Gefahr seyn?

Dritter Auftritt.
Edelwert. Isabella.

Is. Das ist er!

Ed. Ferdinand?

Is. Er ist zum Tode verurteilt?

Ed. Verurteilt? zum Tode verurteilt?

Is. Er hat die Prinzeßin entführt. Im
Walde hat man sie beide gefunden und ge-
bunden hieher gebracht. — Er ist Hochverrats angeklagt worden — und so eben wird
das Urteil ausgerufen. — Geht, rettet ihn!

Ed. Wie? wo? — womit?

Is. Durch Kampf mit dem Bastart Wilhelm — Wenn Ihr Ferdinands Freund waret, so laßt Euch das nicht zweimal sagen.
Wenn Ihr Euch auf Euer Schwerd verlas-
sen könnt — so zaudert nicht Eure Pflicht
zu erfüllen.

Ed. Ich — mein Freund!

Is. Knabe! — redet nicht von Freundschaft wenn Ihr nicht retten, Eure Freundschaft nicht beweisen wollt! Ed.

Eo. Mir nicht diese Vorwürfe, Gräfin. — Ich gehe und Gott sey dem Bastart gnädig! (ab).

Vierter Auftritt.
Isabella.

Ich, Thörin! Warum ängstige ich mich ab? — Wofür bemühe ich mich so sehr? — Ferdinand liebt Eleonoren — und du Isabella bemühst dich ihn für deine Nebenbulerin zu retten? — Weib! Ja, ich bin ein Weib! Liebhaberin — leider! aber keine Wiedergeliebte! — Schlage nicht so laut armes Herz! Seine Rettung ist dein Tod! — Nein! ist's nicht! — Eleonore ist doch für ihn verloren und warum sollte ich dann nicht hoffen können? — Hofnung — du schöne Fakel der Liebenden, leuchte auch mir in den Hafen! — (ab).

Fünfter Auftritt.
(Schloßhof).

Wilhelm. Herold. Gefolge. Trompeter.

Wilh. Nun verrichte dein Amt, hier zum erstenmale im Fürstlichen Burghofe, daß es allen Rittern hier bekannt werde, damit
sie

sie sich melden können, wenn sie etwas wider die Anklagen einzuwenden, und Lust haben sich mit mir zu meßen.

Herold. Sogleich! — (Legt ein grosses Pergament auseinander) Stille!

Gefolge. Stille!

Sechster Auftritt.

Vorige. Edelwert. (Ganz gewappnet mit geschloßnem Helme).

Edelw. Ich muß doch hören! (tritt gegen über).

Wilh. Wer muß der seyn?

Herold. Wie es scheint, ein Fremder.

Wilh. So scheint's. — Ruf nur aus.

Herold. Stille!

Gefolge. Stille!

Herold. Trompeten ertönt!

(Trompeten)

Herold. Zu wißen sey iedermänniglich hiermit, daß Ferdinand der undankbare Ritter, den der Herzog aus sonderbarer Huld und Gnade mit so vielen Wohlthaten überhäufte, all dieser Wohlthaten uneingedenk, sich erkühnt hat, des Herzogs Tochter Eleonore zu entführen, um mit ihr Bulschaft zu treiben und nach des Herzogs Leib, Leben und

Krone zu flehen. — Er wird also hiermit öffentlich des Hochverraths angeklagt und ist der edle Ritter Wilhelm von Tosa, drei Tage lang bereit diese Anklage gegen ieden Ritter auf offnem Kampfplaze, der sich zu Ferdinands und Eleonorens Vertheidigung, kraft dieses, mit sichern Geleit versehen, einfinden kann, zu verfechten, wie das Ritterssitte und Rechtens ist." — He! Trompeten! (Trompeten).

Wilh. Gut! Nun geh weiter durch alle Straffen, und laß diese Erklärung an den vier äußersten Ekken der Stadt anschlagen. —

Edelw. (tritt vor) Halt! — (wirft den Handschuh hin) Hier liegt mein Handschuh. Der Kämpfer ist gefunden!

Wilh. Wer bist du?

Edelw. Daß ich Ritter bin zeigen diese Sporn, diese Kette, dieses Wehrgehänge, diese Schärpe, die wohlbekannte Farbe der schönen Gräfin von Ostia. Daß ich Ritter bin, zeigt dieses Schwerd, der erste Dank des leztern Turniers zu Neapel. Der mich zum Ritter schlug war ein Markgraf von Meißen.

Wilh. Du bist ein Teutscher? Kennst du die, die du vertheidigen willst?

Edelw.

Edelw. Darnach haſt du nicht zu fragen. Genug daß ich beweiſen will, ſie ſind unſchuldig. — Heb' dieſen Handſchu auf und ſchone dieſes Redners Zunge. —

Wilh. (Hebt den Handſchu auf) Gut! — (Giebt ihm denſelben wieder) Ich komme!

Edelw. So bald als möglich — (ab).

Wilh. Wer der iſt?

Herold. Ob es wohl Edelwert war!

Wilh. Möglich wär's. Ich habe aber noch nichts von ſeiner Ankunft vernommen. Er ſey wer er wolle! — Wer kömmt da?

Siebenter Auftritt.

Vorige. Robert. (ganz gewappnet mit geſchloßenem Helme).

Herold. Was wollt Ihr?

Rob. Gegen Wilhelm von Toſa den Vertheidiger ſeiner ungerechten Anklage, kämpfen.

Wilh. Ich habe ſchon einen Gegner.

Rob. Schon?

Wilh. So eben iſt er fort. — Aber wer biſt du? biſt du nicht Graf Robert?

Rob. (Schlägt den Helm auf) Die Geſichtszüge Graf Roberts, nahm auch meine

Mut-

Mutter an mir wahr. --- Ich bin's. --- Es
thut mir übrigens leid daß ich nicht Euer
Gegner seyn kann!

Wilh. Leid?

Rob. Wie Ihr hört!

Wilh. War es nicht Eure Braut welche Ferdinand entführte?

Rob. Sie sollte es seyn --- aber das
bringt mich nicht hieher. Ich kam, zu beweisen daß Ferdinand nicht des Hochverrats
schuldig ist --- daß er ein braver Ritter jederzeit war --- und daß der aufgefundene
Brief ein falscher Brief ist.

Wilh. Ein falscher Brief? --- Es ist
seine Hand.

Rob. Kennt ihr nicht solche Leute, welche sehr genau Handschriften nachmahlen
können?

Wilh. Was wollt Ihr damit sagen?

Rob. Deutets Euch selbst. — Voriezt
noch das --- Wenn Euer Gegner fällt, so
bin auch ich noch da — und das schwöre ich
Euch --- kommen wir zusammen, einer von
uns führt auf dieser Welt nie wieder das
Schwerd oder die künstliche Feder! (ab)

Wilh. (zum Herold) Genug! --- Laß
die Schranken besezzen! ---

(Herold und Gefolge ab).

Achter Auftritt.
Wilhelm.

Ich weis nicht wo mein Mut bleibt? Will er mich izt verlaßen — so wünschte ich ihn nie gehabt zu haben! — doch, was gräme ich mich? — Der Herzog wird es nicht zulaßen daß mir mein Gegner das Leben nimmt, wenn ich auch unterliege. Vor allen Dingen aber muß ich zur Herzogin — Ich muß noch mancherlei mit ihr abreden — Mein Gegner hies mich nicht verweilen, und das darf ich auch nicht, wenn man nicht allerlei mutmasen soll. Wenn Edelwert mein Gegner ist — so halte ich mich nicht beim ersten Lanzenstos — und dann? — Warum hab ich mich eingelaßen? — Ich wollte hinauf und — nun ja, kann ichs denn nicht wagen? — Ein Narr der an der Quelle sizt und Durst leidet, ein Dumkopf, der fremder Leute Geld umsonst bewahrt, ein zehnfacher Narr, der unter einem Baume mit Früchten verhungert, weil er zu hoch ist. Hinauf Wilhelm! und brichst du den Hals — ei nu! Du bezahlst weder den Todengräber noch den Sarg! —

(ab)

Neunter Auftritt.
(Saal.)

Renata. Johanna.

Renata. Also — Edelwert ist da?

Joh. Ich habe selbst mit ihm gesprochen. Er kömt vom Turniere zu Neapel und hat von der Gräfin von Ostia den ersten Dank des Turniers erhalten.

Ren. Er ist ein wakrer Ritter. Ich fürchte mich für des Herzogs Sohn, wenn Edelwert hört daß sein Freund in Gefahr ist.

Joh. Er fragte nach Ferdinanden. Isabella kam eben und ganz gewiß hat sie ihn zur Rache gereizt.

Ren. Das stolze Weib! — Sie sieht sich hintergangen, und doch liebt sie ihn noch und bietet alles auf den Betrüger zu rechtfertigen. —.

Joh. Man will sagen die Prinzessin sey nicht mit Ferdinanden geflohen. Sie sey ihm einige Zeit nach seiner Abreise in Pilgerkleidern gefolgt.

Ren. Das war bestellt, ganz gewiß — wo hätte sie ihn so gleich gefunden?

Joh. Es ist freilich sehr glaublich.

Ren. Ich muß des Herzogs Sohn sprechen.

Joh.

Joh. Da kömmt er eben.

(ab.)

Zehnter Auftritt.
Renatä. Wilhelm.

Wilh. Herzogin — ich eile zum Kampfe.

Ren. Habt Ihr einen Gegner?

Wilh. Zwei vor einen. — Der erste scheint Edelwert zu seyn — und wenn der fällt, so hat sich auch Graf Robert gemeldet, mit mir zu kämpfen.

Ren. Graf Robert?

Wilh. Er will nicht Eleonoren wegen kämpfen! er will mir beweisen daß Ferdinand fälschlich des Hochverraths angeklagt worden ist — und daß der Brief, auf den ich so viel baute, untergeschoben ist. Der Pfaffe hat sein Möglichstes gethan. Die Handschrift ist Ferdinands seiner vollkommen gleich — es kömmt nun darauf an, ob ich mit dem Schwerde den Beweis vollständig machen kann.

Ren. Man hat jederzeit Euer Schwerd gefürchtet.

Wilh. Noch mehr Edelwerts Schwerd. — Und die Säulen meines Muthes, Herzogin, sie sind erschüttert.

Ren. Fürchtet nichts für Euer Leben; der Herzog wird es nicht zugeben, daß man Euch deßelben beraube, wenn Ihr auch unterliegt. Faßt Muth! Für Euch eine Herzogskrone und die Regierung über dies Land — was läßt sich dafür nicht wagen?

Wilh. Alles! --- Aber ich ---? --- Gut! ich muß; ich will es wagen! --- Es falle aus wie es wolle — ich werde mich gewiß mit Ehren aus der Sache wickeln.

Eilfter Auftritt.
Vorige. Tankred.

Tank. Mein Sohn die Schranken werden besetzt.

Wilh. Ich werde gleich erscheinen.

Tank. Du bist die Stütze meines Alters, der Himmel wird dir Kraft geben.

Wilh. Ich hoffe es, wenn er die gerechte Sache beschützt.

Tank. Kennst du deinen Gegner?

Ren. Man glaubt es sey Edelwert.

Tank. Edelwert? Ferdinands Waffengesell?

Ren. Er ist eben angekommen. Stolz auf den ersten Dank des Turniers, weichen

er

er zu Neapel erhalten hat — kömmt er und
will auch hier sich einen Preis erringen.

(Trompeten hinter der Szene)

Wilh. Meines Gegners Trompeten! —
Sie rufen mich zum Kampfe! —

Zwölfter Auftritt.

Vorige. Edelwert. (ohne Helm mit
fliegenden Locken).

Ed. Schon stampft mein Roß ungedul-
tig vor den Schranken, die Kampfrichter ei-
len dem Burgplatze zu — und du bist noch
ungewappnet?

Wilh. Bald sollst du mich auf der Bahn
sehen. Es braucht nur wenige Zeit, die ge-
wohnten Schultern mit Stahle, und diese
Brust mit dem Panzer zu bedecken. Mues-
los habe ich nie gezögert. — Meine Trompeten sollen dir sagen, daß ich kampfbereit bin.
(ab).

Ed. Verzeiht, gnädigster Herr — daß
ich gegen Euern Sohn dies Schwerd ziehe.
Es ist die Sache der Freundschaft — und
wenn Ihr je den Werth der Freundschaft gekannt habt, so hoffe ich, Ihr werdet mirs
nicht verdenken, daß ich ungeduldig der Zeit
harre, meinem Freunde diesen Dienst zu leisten.

F   Tank.

Tank. Nein. — Ich kanns Euch nicht verdenken. — Aber Ihr wißt nicht wie übel mir Ferdinand meine Wohlthaten vergolten hat.

Ed. Graf Robert hat mich in der Sache unterrichtet. — Aber — bei Gott! ich kenne Ferdinanden — er war nie solch eines Schurkenstreiches fähig! — Wollet Ihr mir die Gnade erzeigen ihn zu sprechen? Es könnte das leztemal seyn. — Versagt mir diese Bitte nicht — Und — ich kenne ihn, ist er schuldig, er wird mir's entdekken — und für die ungerechte Sache wird nie Edelwert sein Schwerd ziehen.

Tank. Ihr sollt ihn sprechen.

(ab).

Ren. Ich denke, daß Eure Unterredung nicht von großen Nuzzen seyn wird, edler Ritter. Wir haben uns alle in Ferdinanden betrogen — und er hat Uns betrogen. Er ist ein heimtükkischer Betrüger und gewiß —

Ed. Jezt ist er noch mein Freund. Verwundet nicht durch solche Worte mein Herz, gnädigste Frau. — Er war iederzeit ein edler Mann und solch einen Mann zum Bösewicht zu machen? — Ich glaube, es ist eben so unmöglich, als einen Schurken zum edeln Manne zu machen.

Ren. Ein Brief von seiner eignen Hand.
Ed. Der untergeschoben seyn kann.
Ren. Die darauf erfolgte Entführung der Prinzessin —
Ed. Gnädigste Frau, habt ihr ie geliebt?
Ren. Warum fragt ihr das?
Ed. Euch Entschuldigungen abzufragen.
Ren. Ueberzeugt mich erst — und dann fragt. (ab).
Ed. Das soll, hoffe ich, bald geschehen! — Ich glaube er kömmt? — Ja er ists!

Dreizehnter Auftritt.
Edelwert. Ferdinand. (in Einsiedlerskleidern gefesselt). **Wache.**

Ed. Ketten?
Ferd. Bruder! —
Ed. Freund! — (umarmen sich) Genug! keine Frage! du bist bei Gott unschuldig, und wehe dem, der mir das Gegentheil zu sagen wagt.
Ferd. Unschuldig bin ich des angeklagten Hochverraths. Der Brief ist nicht von mir.
Ed. Und Eleonore?
Ferd. Sie liebte mich — sie folgte ihrem verbannten Liebhaber und fand ihn in
diesem

diesem Kleide in der Einsamkeit. — Wir
wähnten sie gefunden zu haben, die Freistadt
der Liebenden in der Wüste. Auch dorthin
folgte uns der Neid. — Wir hatten kaum
uns einige Stunden glüklich geträumt, als
Wilhelm uns von einander riß — und fort-
schleppte. Ich hatte keine Waffen, mein
Schwerd nicht bei der Hand — und nun —
sieh diese Ketten an meinen unschuldigen Händen, welche nur Schild und Schwerd zu tragen gewohnt waren. — O! es kränkt sehr —
unschuldig sich entehren zu lassen.

Ed. Freund! — Ich schwöre dir bei
unsrer Freundschaft, des Bastarts Leben haf-
tet mir für diese That. Er glaubte nicht
mich hier so bald zu sehen — ich komme und
wehe ihm, wenn ich ihn fasse, er soll mir
nicht entrinnen und wenn all seine Sünden
sich an meinen Arm hängten und ihn zu ent-
nerven suchten!

Ferd. Der Himmel schikt mir einen
Rächer der Unschuld! — Mir und meiner
Eleonore!

Vierzehnter Auftritt.
Vorige. Kardinal.

Kard. Willkommen, edler Freund des
Angeklagten! — Wenn du unschuldig bist,

so wird der Gott, der die Unschuld schützt, den Arm deines Freundes stärken, daß er deine Ankläger wie Spreu zerstreue, und sie zu Boden werfe, wie der verderbende Sturm die hohe Pappel von der Stirn des Berges hinab ins Thal, daß der Wandrer erbebt.

Ferd. Ich bin unschuldig — ich bin angeklagt, und kann mich nicht vertheidigen. Mein Herz spricht mich frei — und wenn ich auch sterben müßte, so bleibt mir doch mein innrer Zeuge, mit dem ich vor Gott treten und sagen kann: „Ich war unschuldig! du prüfest die Herzen und vor dir gilt keine Verstellung."

Bo. Freund — hoffe nicht umsonst, wenn du unschuldig bist. Der Himmel wird den Arm deines Freundes stärken —

Karl. Ich höre viel Gutes von Euch, junger Mann —

Ferd. Er ist mein Freund — mein bester Freund!   (umarmen sich)

Funfzehnter Auftritt.
Vorige. Isabella.

Is. Segne der Himmel dich edler Freund, deines unschuldigen Freundes! — Ferdinand — dich

— dich in Ketten? O! wie thut das meinen Herzen so weh!

Ferd. Gräfin, habt Ihr auch Mitleid mit meinem Zustande?

If. Frag mich das nicht, Ferdinand. — du weißt es nicht, wie sehr ich dich liebe. — Ich muß es Euch entdecken. Ehe Edelwert kam dich zu retten — ehe mein Bruder sich deinen Gegner entgegen stellte —

Ferd. Auch dein Bruder?

Karo. Ja, der edle Graf ist bereit für deine Unschuld das Schwerd zu ziehen.

If. Ehe die Sonne zum drittenmale untergegangen wär, hätte sich kein Vertheidiger deiner Unschuld gefunden, hätte diese weichen Lokken der Helm gedrükt und mit dieser Hand hätte ich das Schwerd geschwungen.

Ed. Ihr Gräfin?

If. Ich! — Viele meiner Ahnenmütter wußten das Schwerd so gut wie die Spindel zu regieren — auch ich habe oft in voller Rüstung meine väterlichen Gefilde durchrannt — Wut und Liebe hätte mich dem Bastart entgegen getrieben, wenigstens deinen Tod nicht zu überleben Ferdinand und dann meinen Bruder mit dem lezten kalten Todeshauche zur Rache zu rufen —

(Trompeten in der Ferne)

Ed. Mein Gegner ruft!

Ferd. Gott mit dir! —

Ed. Wenn zum drittenmale die Trompeten ertönen, denn beflügle ich für dich mein Streitroß. — Und noch an Euch diese Bitte Gräfin: Wenn ich falle, sendet dieses Schwerd und diese Schärpe der schönen Gräfin von Ostia und thut ihr kund — ich sey gefallen. — Leb wohl!
(umarmt ihn) (ab).

Ferd. Leb wohl! —
(mit der Wache ab)

Kard. Der Abschied hat mich sehr gerührt!

Is. Mein Herz klopft ängstlich — brechen soll es, wenn Ferdinands Augen sich schliesen. Ich habe eine wichtige That noch vor mir und dann will ich ihn folgen, wenn er stirbt. — Ich bin ein Weib — aber ein Weib, die ieder Bastart zu fürchten hat.

Sechzehnter Auftritt.
Vorige. Lucio.

Luc. (sieht sich um, und will schnell wieder gehen) Ist —

Kard. Was wollt Ihr, guter Freund?

F 4

Luc.

Luc. Ich wollt — verzeihe — ich glaubte meinen Herrn hier zu finden — man sagte mir, er sey hier.

Kard. Wer ist dein Herr?

Luc. Der Ritter Ferdinand war's.

Kard. Was willst du bei ihm?

Luc. Ich höre er ist zum Tode verurteilt — ich möchte ihn gern noch einmal sprechen und ihm etwas wiedergeben, das ich nicht anbringen konnte —

Kard. Anbringen? — wo?

Is. Was ist's?

Luc. Ich muß es nur entdecken — Ich habe meinen Herrn immer treu und redlich gedient —

Is. Ohne Umschweife!

Luc. Als er gestern die Stadt verlies, mußte ich ihn folgen. Im Walde gab er mir meinen Abschied. Ich wollte bei ihm bleiben, aber er ließ es nicht zu. Er belohnte meine wenigen Dienste reichlich und schikte mich nach der Stadt zurük. Vorher gab er mir diesen Brief — ich sollte ihn der Prinzessin geben —

Is. Der Prinzessin? — War sie nicht mit Euch?

Luc. Mit uns war sie nicht. — Ich weis nicht wie sie nachher zu ihm gekommen *c.* — Ich konnte freilich diesen Brief nicht bestellen. Ich weis nicht ob er wichtige Sachen enthält —

Kard. Den Brief gieb mir — ich bin deines Herrn Freund.

Luc. Aber —

Is. Wir sind Freunde deines Herrn. Gieb uns den Brief.

Kard. Er wird nicht zu seinem Unglük angewendet, er enthalte was er wolle. Mein Stand und mein Wort ist dir dafür Bürge.

Luc. Wenns das ist — (giebt ihm den Brief).

Kard. Entferne dich nicht allzuweit.

Luc. Aber — ich bitte Euch ehrwürdigster Herr —

Kard. Sey ohne Sorge. — Ich werde dich rufen laßen, wenn's nötig ist. —

(Lucio ab.)

Siebzehnter Auftritt.
Isabella. Kardinal.

Kard. Also war sie nicht mit ihm entflohn!

Is. Ich bitte Euch, lest den Brief.

Kard. (Liest) Lebwohl! Ich habe mich freiwillig in eine Einöde verbannt, wo ich ohne dich leben muß, weil du mir nicht folgen

gen wolltest. — Sey glüklich ohne mich — ehre deinen Vater, lieb Jsabellen als deine Freundin, und vergiß den unglüklichen

Ferdinand.

Jſ. Er iſt unſchuldig!

Karo. Das iſt er! Ein Rebell der ſich zu Canoſſa mit der Geliebten krönen laßen will, ſchreibt nicht, daß ſie den ehren ſoll, den ſie vom Throne ſtürzen wollen. Die Sache klärt ſich auf. — Ich eile zum Herzog ihn die Augen zu öffnen.

(ab)

Achtzehnter Auftritt.
Jſabelle.

Er iſt unſchuldig, mein Herz ſprach ihn längſt frei — Aber Jſabelle, je ſichtbarer ſeine Unſchuld wird, je weniger gewinnſt du dabei. Der Herzog wird ihn frei ſprechen und ſeine Belohnung — Eleonorens Hand? — Wehe dir Jſabella!

(Eine Trompete in der Ferne)

Die Trompete! — Sie ſtellen ſich gegen einander! — Ach! — Ich zittre! — Sie ſind bereit. —

(Zwei Trompeten.)

Jezt

Jezt schließt der edle Freund den Helm. — er legt die Lanze ein. — sein Roß wiehert ungeduldig — das Blut steigt ihm ins Gesicht und mir zum Herzen. —
(drei Trompeten)
Ha! — Wer stürzt? — (sinkt auf einen Stuhl)

Fünfter Aufzug.
(Saal)
Erster Auftritt.

Isabella (den Kopf in der Hand, den Arm auf einen Tisch gestemmt.) Emanuel.

Isabella.

Ist der Kampf vorbei?

Em. Das war er mit dem ersten Lanzenstoße.

If. Wer fiel? (springt auf.)

Em. Des Herzogs Sohn.

If. Der Bastard?

Em. (Für sich) Das Wort verfolgt mich wie mein Schatten! —

If. Erzäle mir —

Em. Sie sprengten beide mit solcher Wut zusammen, daß die Lanzen in hundert

Splittern in die Luft flogen. Edelwert sprengte fest im Sattel neben seinem Gegner vorbei. Wilhelm wog sich noch, wie ein vom Winde erschüttertes Rohr, im Sattel, seines Gauls hin und her. Endlich stürzte er fast am Ende der Bahn vom Roße. Edelwert, war schnell bügellos, zog seinen Dolch und kniete dem Gegner auf die Brust. Er riß ihm wüthend den Helm vom Kopfe und erhob seine bewaffnete Faust, als der Herzog: „Gnade!" rufte. Edelwert erhub sich. Der Herzog sprach die Angeklagten frei und Wilhelm wurde sehr schwach auf sein Zimmer geführt. Er hatte einen starken Stoß bekommen — das Brustbein hat sich ganz eingebogen.

Is. Emanuel für diese Botschaft nimm diesen Ring.

Em. Ich danke Euch, schöne Gräfin — gedenkt doch meiner bei Euern Bruder — ich möchte gern Ritter seyn — Ich fühle, daß diese Faust mehr Stärke besitzt, als einen Fecher meiner gnädigen Frau zu reichen.

Is. Ich werde deiner nicht vergeßen.

Em. Ich verlaße mich auf Euer Wort.

Zweiter Auftritt.
Vorige. Edelwert. (ohne Helm)

Jf. Willkommen, tapfrer Ritter! — Ihr sehet noch einmal so schön, seit Ihr aus einem solchen Kampfe so rühmlich wiederkommt. Ich bitte Euch, tragt diese Kette zum Andenken dieser That, — und zu meinem Andenken. (hängt ihm die Kette um.)

Ed. Schöne Gräfin, so lange ich ein Schwerd führen kann, soll diese Kette mich in jedem Kampfe zieren. — Mein Freund ist nun gerettet. Ich eile ihm selbst die Kette abzunehmen — Vorher aber — ich habe einen Schwur gethan nach dem Kampfe einen Edelknappen zum Ritter zu schlagen und ihn mit der Nachricht meines Siegs, zur Gräfin von Ostia zu senden.

Jf. Kniee nieder, Emanuel! —

Em. (knict nieder)

Jf. Schlagt diesen Pagen zum Ritter.

Ed. Dein Name?

Em. (entblößt den Kopf.) Emanuel von Eldafagni.

Ed. (zieht das Schwerd und schlägt ihn zum Ritter.) Ich schlage dich zum Ritter — und wenn du wieder kömmst von Ostia, soll dieser fer Ritterschlag feierlicher geschehn in des Herzogs Kapelle. (Er nimmt ein Schwerd von der Wand) Dies Schwerd, sey wem es wolle, es gehört dir, du wirst es dir nicht nehmen lassen (hängts ihm über.)

Jf. (Nimmt Sporen von der Wand, legt ihm einen an und giebt ihm den andern in die Hand.) Diese Sporn sind dein, du wirst dir sie nicht nehmen lassen.

Ed. (hängt ihm eine von seinen Ketten über.) Nimm diese Kette hin — und diese ritterliche Umarmung von deinem Freunde an. (umarmt und hebt ihn auf.) Nun nimm mein Roß, eile zur Gräfin von Ostia und sag ihr, was du gesehen hast.

Em. Ich danke Euch!

Jf. Mein Wort hab' ich gehalten!
(mit Edelwert ab.)

Dritter Auftritt.
Emanuel.

Ritter! — Ritter Emanuel! Es ist ein schöner Stand der Ritterstand! Wir Ritter haben so mancherlei Vorrechte — und Ritter Emanuel — halt! — da ich meinen Namen nennte, war mir's immer als nennte ich einen falschen. Ich dachte Edelwert müßte

müste mir es ansehen, daß der Name Eloa-
sagni ein geliehener Name, ein Kapital sey,
wovon mir die Interessen auf den Wangen stehen, wenn mich jemand dran erinnert. Der Teufel hat mir den Schuldbrief
ins Gesichte geschrieben! daß ich meine Stirn
nicht ändern kann! da steht das verteufelte
Wort, so deutlich geschrieben, wie beim Herzoge das Wort Hahnrei, das ihm die Ge-
weihe entbehrlich macht. — Doch davon still!
Jezt muß ich mich in meinen neuen Stand
zu schikken suchen. Mein Gang darf nicht
mehr der gewöhnliche seyn, und meine Worte muß ich überdenken ehe ich sie ausspreche.
Auch wird meine Aussprache anders seyn
müßen — ich muß schnarren. Aber nach dem
Schwerde darf ich nicht so oft sehen und
nicht immer an der Kette spielen, sonst merkt
mans, daß mir das ungewohnt vorkömmt. —
Wenn doch iemand käme! — Still! da
kömmt Johanna!

Vierter Auftritt.

Johanna. Emanuel (mit veränderter
  Sprache, wichtiger Miene, stolzem
  Gange durch diesen Auftritt).
  Joh. Emanuel!
                              Em.

Em. Sezt noch ein Wort hinzu, wenn ich bitten darf.

Joh. Was ist das?

Em. Seht Ihr's nicht!

Joh. Was treibst du?

Em. Nicht mehr so vertraut. Ich bin Ritter!

Joh. Gott segne die Ritterschaft!

Em. Sagt mir doch, gutes Kind, wie ist der Weg draußen?

Joh. Der Weg? der Weg ist schlecht, denn er ist ganz neu gemacht.

Em. Wie weit ist der Weg nach Ostia?

Joh. Das weis ich nicht.

Em. Ist Ostia eine schöne Stadt?

Joh. Das kann ich Euch nicht sagen, fragt Euch selbst, Euer Vater war oder — nemlich der andre Vater —

Em. Johanna, seyd nicht zur Unzeit wizzig!

Joh. Man sagt in der That Ihr wärt —

Em. Ich weis daß ich Ritter bin.

Joh. Außerdem aber —

Em. War ich sonst Page —

Joh. Und man sagt auch ihr wärt ein —

Em. Ein Liebhaber des schönen Geschlechts? Ja! das bin ich.

Joh.

Joh. Etliche wißen auch —

Em. Daß ich gern eße und trinke? Ja das ist auch wahr!

Joh. Und man meint ein gewißes Wort trieb Euch gleich das Blut ins Gesicht, es sey eine Sache —

Em. Ja ich weis es wohl — ich werde iederzeit aufferordentlich roth, wenn man mich dran erinnert, daß der Herzogin Hoffräulein Johanna mich in einer Grotte schlafend erwartete, ohne Kleider wie die Unschuld.

Joh. Ich? —

Em. Ja doch! — Ich bin ia Ritter!

Joh. Ich bitte Euch, rühmt Euch nicht solcher Geschichten — oder ich kann allen Leuten die es noch nicht wißen, sagen, daß ihr ein Bastart seyd!

(ab)

Em. Das Wort treibt mich schneller nach Ostia, als wenn zehn Liebesgötter mich mit ihren Pfeilen fortpeitschten!

(ab).

Fünfter Auftritt.
(Zimmer)

Tankred (mit einem Briefe) Kardinal. Robert. Renata.

Ren. Zum Erstaunen! wie weit die Bosheit der Menschen geht!

Tank. Dieser Brief zeigt offenbar daß jener falsch war.

Ren. Offenbar!

Tank. Wie leicht hätte ich unschuldiges Blut vergießen können! Ferdinand, du würdest mich bei Gott angeklagt haben und ich Sünder, würde mit Leid in die Grube gefahren seyn!

Rob. Diese Begebenheit wird Euch lehren, künftig bei solchen einfachen Anklagen sorgfältiger und behutsamer zu Werke zu gehen. Ihr hättet Euch um einen treuen Diener, und um eine unschuldige Tochter gebracht, welche die Freude Eures Alters seyn wird.

Tank. Graf! es thut mir leid — daß meine Eleonore ohne mich gewählt hat — aber —

Rob. Die Wahl ist gut! — Ich bitte Euch, macht sie nicht unglüklich — sie lieben sich — gebt sie zusammen, macht sie glüklich.

Kard.

Karo. Ich dächte auch, das wär das Beste!

Tank. Was meint Ihr, liebste Gemalin?

Ren. Ich habe nichts dagegen. Es ist der Rath so weiser Männer — und ich bin ja nur ein Weib. Zudem redet Euch ja selbst der Graf zu. Thuts!

Sechster Auftritt.

Vorige. Isabella. Ferdinand. Eleonore (in ihren Kleidern wie im Walde).

Tank. Meine Kinder!

(an ihren Hals)

Ferd.
El.) Mein Vater!

Tank. Vergebt dem alten Vater, der seine Kinder umbringen wollte. Ihr seyd ganz gerechtfertiget.

Ferd. Nichts mehr davon. — Ich war jederzeit Euer treuer Sohn, man suchte mir Eure Gnade zu entziehen, aber ich hoffe —

Tank. Genug davon mein Sohn! — Ich nehme dich wieder an — auch dich meine Tochter — und nun — (giebt ihre Hände zusammen) Ihr liebt Euch — der Himmel begünstiget Eure Liebe — und ich — bin Euer Vater.

Jf. Herzog, Ihr habt eine edle That
gethan — eine That, welche Euern Nachfol-
gern mit goldenen Buchstaben in der Geschich-
te Eurer Regierung muß aufbewahret werden.

Tank. Wenn Ihr von Bewunderung
sprecht, Gräfin, so müßen wir alle gestehen,
daß Ihr diese am meisten verdient. Wir wis-
sen, wie sehr Ihr diesen liebtet und iezt —

Jf. Ich bitte Euch, erwähnt das nicht!
Eure Rechte, Prinzessin, waren den meinigen weit vorzuziehen —

El. Theuerste Freundin — man mag
mir alles nehmen, aber diesen — und wenn
Ihr auch noch so sehr meine Freundin wärt,
verzeiht — ich könnte meinen Ferdinand
Euch nie überlaßen.

Ferd. Gräfin Isabella denkt zu edel, um
das Glük zweier Liebenden zu stöhren!

Jf. (umarmt sie) Sie bleibt Eure Freundin!

Rob. Und ihr Bruder, Euer Freund!

Ferd. Ich erkenne alles mit dem dank-
barsten Herzen, und ich werde Euch nie An-
laß geben, diese Freundschaft zu verwünschen!

Sie-

Siebenter Auftritt.
Vorige. Edelwert.

Ed. Ich komme von Euern Söhne, gnädigster Herr —

Tank. Er ist doch wohl auf?

Ed. Er lag sprachlos als ich zu ihm kam.

Rob. Ihr habt ihn übel getroffen! —

Ed. Der Arzt sah sehr bedenklich aus — auch war ein Pater bei ihm. Er winkte mir und drükte mir dies Briefchen in die Hand. Ich sah an der Aufschrift daß es an Euch war, gnädigster Herr. (giebts ihm).

Tank. (liest) „Mit zitternder Hand schreibe ich Vater, daß ich ein Bösewicht bin, der Euch allen Kummer verursacht hat. Der Brief von Ferdinand ist falsch.“

Ren. Wilhelm schrieb das? — O! der Bösewicht!

Rob. Ich habe es längst gedacht, Euch den Kummer zu erspahren, guter nachsichtiger Vater, wollte ichs nicht laut sagen!

Tank. (setzt sich) Schlag auf Schlag! —

Ed. Auch steht ein alter Einsiedler vor der Thür. Er sagt, er habe Euch wichtige Nachrichten zu hinterbringen.

El. Wenn es unser Greis ist — (öffnet die Thür) herein guter Alter! — Fürchte dich nicht!

Achter Auftritt.
Vorige. Einsiedler.

Einſ. Wo ist der Herzog?

Tank. Hier! — Was willst du?

Einſ. (knieet nieder) Vergebung! —

Tank. Du hast mir ja nichts gethan! Steh auf!

Einſ. Gar viel, gnädigster Herr! (steht auf) Ich und Eure — (sieht sich um) und dort — (auf Renaten zeigend)

Ren. Ha! — du bists! wo kömmst du her, verruchter Bösewicht? — Du eisgrauer Sünder, ist es erwacht dein schlummerndes Gewißen? — Ich will dir — (zieht einen Dolch und stößt nach ihm).

Kard. (Fällt ihr in den Arm und entreißt ihr den Dolch) Schwester!

Ren. Nun laßt mich fort!

Rob. (hält sie zurück) Ihr bleibt!

Tank. Gott! was werde ich hören! — Rede, wer bist du, was hast du zu entdecken?

Einſ.

Einf. Ich diente der Herzogin als Reutknecht, als sie an Euern Hof kam und Eure Gemalin wurde, gnädigster Herr. — Da überredete Sie mich einstens Euern Sohn— (knieet nieder) ach! vergebt mir!

Tank. Meinen Sohn? — Rede!

Einf. Sie versprach mir so viel, und ich war arm —

Tank. Was solltest du?

Einf. Ich sollte Euern Sohn ins Wasser tragen.

El. } Mutter!
Karo. } Schwester!
Rob. } Herzogin!

Tank. Gott! — und du thatest es auch? — Ach mein Karl!

Ren. Verfluchter Schurke! daß dir dein Mund auf ewig geschloßen würde!

Karo. Du Mörderin! du Schande meines Hauses! Gewiß bist du auch in des Bastarts Komplett!

Ren. Ja! ich bin! — ich bin alles! ich habe alles gethan! — laßt mich! —

Karo. Nein! — höre die Beichte dieses Sünders!

Tank. Und mein Karl —

Einſ. Ich konnte es nicht vollbringen, — ich konnte den Prinzen nicht ins Waßer tragen ——

Tank. Steh auf! — Wo thateſt du ihn hin? wo iſt er?

Einſ. (Steht auf) Ein Schäfer nahm ihn mir ab. Eben war ſein Kind geſtorben und er nahm mir den Prinzen ab.

Tank. Und wo kam er hin?

Einſ. Ich gieng in den Wald und wurde ein Einſiedler.

Tank. Und mein Karl?

Einſ. Nach einiger Zeit ſuchte ich den Hirten auf. Er war geſtorben.

Tank. Geſtorben? und mein Sohn?

Einſ. Die Frau hatte das Kind nicht ernähren können, ſie wartet alſo die Gelegenheit ab und ſezt es an der Straſe unter einen Baum, als ſie eben von weiten einen Jagdzug ankommen ſieht.

Ferd. Einen Jagdzug?

Tank. Und weiter —

Einſ. Die Frau erzälte mir, eine Dame habe es aufs Pferd genommen —— und ſie wiße nicht wo es hingekommen ſey.

Ferd. Sie wuſte nicht wo der Prinz hingekommen war?

Einſ.

Einf. Nein — sie wuste es nicht. Ein Wahrzeichen, sagte sie, habe sie ihm über die linke Schulter eingedrükt —

Ferd. Ein Wahrzeichen?

Einf. Ein Kreuz und einen Stern.

Ferd. Gott! Ich bin's!

Tank. Du bist's! — du bist mein Karl?

El. Wehe mir! — Du bist mein Bruder!

Tank. O! mein Sohn! mein Sohn! — Mein Herz sagte es mir, daß du mehr warst, als ein bloser gefundener Knabe! — Und du warst mein Sohn!

Ferd. O, mein Vater! Ich hätte Euch nie so zärtlich geliebt, wärt Ihr nicht mein Vater gewesen.

El. Ferdinand!

Ferd. Eleonore — So wars denn das, was mich so oft zurükhielt, die zärtlichsten Augenblikke der Liebe so dahin schwinden zu lassen — — Du warest meine Braut, nun bist du meine Schwester.

Tank. Kinder! Ich habe meinen Sohn wieder!

Ferd. Alter Mann, du sollst fürstlich belohnt werden.

Einf.

Einf. Und Ihr waret heute unter meinem Dache ohne daß ichs wußte! — Wenn ich es gewußt hätte! — Nun will ich gehen —

Ferd. Bleib bei mir!

Einf. Dräben bei den Benediktinern ist Messen, ich will hin — ich komme wieder.

(ab.)

Neunter Auftritt.
Vorige.

Tank. Ihr, Herzogin, werdet sogleich den Schleier bei den Urseliner Nonnen nehmen!

Kath. Fort aus meinen Augen, Ungeheuer!

Ken. Meiner Sünden sind viel, kann ich sie jemals büsen im Kloster? Eleonore — der Fluch ist unerhört geblieben! —

(ab.)

Tank. Eleonore — du bist nun deines Bräutigams Schwester und ich hatte mir vorgenommen, den heutigen Tag mit einer Verlobung zu feiern —

El. Zu schnell! — Es hat mich hart angegriffen! — Wenn ich beßer bei mir bin als jezt —

Ferd.

Ferd. Der edle Graf, liebe Schwester
El. Graf Robert — vor jezt bedarf
ich mehr einer Erholung als einer neuen Zerstreuung —

Rob. Gnädigste Prinzeßin —
El. Ferdinand ist mein Bruder!
(ab.)

Tank. Laßt sie Graf, sie bleibt Euch
nun gewiß. — Kommt mit mir, edler Bruder meiner unwürdigen Gemahlin und Ihr
zukünftiger Gatte meiner Tochter — nichts
soll uns abhalten heute ein frohes Fest zu
feiern. Die Jahre nehmen zu, mein Kopf
wird täglich grauer — ich will die wenigen
frohen Augenblikke noch nuzzen, welche sich mir
darbieten — Kommt —

Raid. Kommt, laßt diese hier allein —
Tank. Sie haben sich etwas zu sagen
— und wir sinds ja zufrieden — nicht wahr,
Graf?

Rob. Ich war's schon längst — und
nun — mag meine Schwester selbst entscheiden, ob Ihrem Liebsten der Purpurmantel
besser als dieses Kleid stehen wird. —
Kommt —!

(Sie gehen ab)

Zehn-

Zehnter Auftritt.
Ferdinand. Isabella. Edelwert.

Ferd. Isabella!

Is. Ferdinand!

(Sie sehen sich lange stillschweigend an.)

Is. Der Himmel hat uns für einander bestimmt! (eilt in seine offne Arme) Ferdinand du bist mein!

Ed. Jezt laße mich fort — Jezt muß ich hin zur Gräfin von Ostia — und —

Ferd. Edelwert! —

Ed. Freund!

Ferd. Du gehst nicht wieder von mir! — Ich will dir Schlösser geben —

Is. Freund meines Ferdinands, nehmt meine Schlösser, ich brauche nichts — denn dieser in den armseeligen Kleidern, ist ein reicher Fürst und mein Gemal.

Ed. Nun hab ich nur noch einen Wunsch!

Ferd. Meine Isabelle! mein Freund!

Is. Ferdinand! — du bist nun Fürst — aber ich bitte dich, denke nicht, daß der Glanz deiner Krone mich mehr blendete, als die hellschimmernde Rüstung des Ritters, den ich meine Hand bot — Liebe mich als Ferdinand —!

Ferd.

Ferd. Isabella für mich ist der stralende Glanz meiner ritterlichen Rüstung mehr, als der funkelnde Schein der herzoglichen Krone. Ich bin noch Ritter und ich liebe dich als Isabella — ich liebe dich, denn du wirst mir allein die trüben Stunden heitern, welche die Fürsten so oft umgeben.

Ed. Bleib mein Freund!

Ferd. Und du der meinige! Wir wollen der Welt zeigen, daß auch Fürsten durch Liebe und durch Freundschaft glüklich seyn können. Die Freundschaft hat mich gerettet, die Liebe macht mich glüklich. Freundschaft und Liebe, sie sind die schönsten Güter, der Menschen, verliehen vom Himmel! — Nennt sie noch einmal die süssen Worte — und an meine Brust!

(Zugleich) [Is. Liebe!
[Ed. und Freundschaft!

(Sie umarmen sich. Der Vorhang fällt).